Nautilus
Biologie
Der Mensch als Umweltfaktor
Ausgabe B

Reinhard Bochter

© 2012 Oldenbourg Schulbuchverlag GmbH, München
www.oldenbourg-bsv.de

Das Werk und seine Teile sind urheberrechtlich geschützt.
Jede Nutzung in anderen als den gesetzlich zugelassenen Fällen
bedarf der vorherigen schriftlichen Einwilligung des Verlages.
Hinweis zu § 52 a UrhG:
Weder das Werk noch seine Teile dürfen ohne eine solche Einwilligung
eingescannt und in ein Netzwerk eingestellt werden.
Dies gilt auch für Intranets von Schulen und sonstigen Bildungseinrichtungen.

1. Auflage 2012

Druck 16 15 14 13 12
Die letzte Zahl bezeichnet das Jahr des Drucks.
Alle Drucke dieser Auflage sind untereinander unverändert
und im Unterricht nebeneinander verwendbar.

Umschlaggestaltung: Lutz Siebert-Wendt, München
Lektorat: Dr. Katja Walther, Caroline Klein (Assistenz)
Herstellung: Alice Wüst
Satz: krauß-verlagsservice, Augsburg
Druck: Stürtz GmbH, Würzburg

ISBN 978-3-7627-0556-7

Inhalt

Der Mensch als Umweltfaktor — 3

Der Mensch als Umweltfaktor – Populationsdynamik und Biodiversität 4

1 Populationsdynamik im Ökosystem – Wachstum und Einflussfaktoren .. 4

- 1.1 Die Dynamik einer Freiland-Population . 4
- 1.2 Idealisierte und reale Populationsentwicklung 6
  - *Exkurs: Mathematische Modelle für exponentielles und logistisches Wachstum* 7
- 1.3 Einfluss von Umweltfaktoren auf Populationen 8
  - 1.3.1 Beispiel 1: Regulatoren der Baumarten im Wald 8
  - 1.3.2 Beispiel 2: Räuber-Beute- bzw. Feind-Opfer-Systeme 9
  - 1.3.3 Beispiel 3: Selbstregulation 11
- *Zusammenfassung* 11

2 Strategien zur Sicherung des Fortpflanzungserfolgs 12

- 2.1 Anpassung von Zahl und Zeitpunkt der Reproduktionsphasen 13
- 2.2 Anpassung an unterschiedliche Populationsdichten 14
- *Zusammenfassung* 14

3 Die Entwicklung der menschlichen Bevölkerung 15

- *Zusammenfassung* 17

4 Biodiversität – Bedeutung und Bedrohung 18

- 4.1 Biodiversitätsverluste regional und global 18
- 4.2 Anthropogene Einflüsse auf die Artenvielfalt 19
  - 4.2.1 Vernichtung naturnaher Lebensräume, Intensivnutzung in Monokultur 19
  - 4.2.2 Schadstoffeintrag am Beispiel Überdüngung mit Stickstoff 21
  - 4.2.3 Weltweiter Tier- und Pflanzentransfer 23
  - 4.2.4 Klimawandel und Biodiversität 23
- 4.3 Ökonomische und ökologische Bedeutung der Biodiversität 25
- 4.4 Biodiversität als Bioindikator 26
- *Zusammenfassung* 28

5 *Plus* Natur- und Artenschutz – vor dem Menschen, für den Menschen! 29

- 5.1 Biotopverbünde für Biodiversität, internationale Abkommen und Umweltmanagement 29
- 5.2 Globale Leitziele für nachhaltig-zukunftsverträgliche Entwicklung 31
- *Zusammenfassung* 31
- *Auf einen Blick* 32

Bildquellenverzeichnis

3.1: Stadt Remscheid; 4.2: green-24.de (Norbert); 5.4.1: Wüst, Alice; 5.4.2: Kristof Lipfert, Düsseldorf, www.kristof-lipfert.de; 5.4.3: blickwinkel (H. Schmidbauer); 5.4.4: www.chili-balkon.de; 8.3-5: Bochter, Dr. Reinhard, Teisendorf; 9.6: Julius Kühn Institut (JKI); 12.1: REUTERS; 13.1: Imago (McPhoto); 13.2: Bochter, Dr. Reinhard, Teisendorf; 14.1: PD Dr. Christian Laforsch; 16.4: AP Images; 17.7: superbild/BSIP; 17.8: picture-alliance (dpa); 18.1.oben + unten: Bochter, Dr. Reinhard, Teisendorf; 19.1: Bochter, Dr. Reinhard, Teisendorf; 19.2: Wüst, Alice; 20.4: Greenpeace Deutschland; 22.10.links: Wüst, Alice; 22.10.rechts: www.2pflanzenfreunde.de; 23.11.oben: picture-alliance (ZB); 23.11.unten: blickwinkel (Hecker/Sauer); 23.12.links: Fauna Verlag; 23.12.Mitte: Stark, Harald; 23.12.rechts: Bochter, Dr. Reinhard, Teisendorf; 24.14.links: f1 online; 24.14.rechts: Matthias Zimmermann (www.natur-lexikon.com); 25.1: Greiner + Meyer Photocenter, Braunschweig; 26.4: Bochter, Dr. Reinhard, Teisendorf; 29.3.links: Bochter, Dr. Reinhard, Teisendorf; 29.3.rechts: Fotolia.com; 30.4.links + rechts: DEGES; 30.5: Bochter, Dr. Reinhard, Teisendorf; 31.1.oben + unten: Bochter, Dr. Reinhard, Teisendorf

Grafik und Illustration: Irian Apetrei, Jörg Mair, Detlef Seidensticker

Wilhelm Röpke – geb. 1899, gest. 1966; deutscher Ökonom

Der Mensch als Umweltfaktor

Der Mensch als Umweltfaktor – Populationsdynamik und Biodiversität

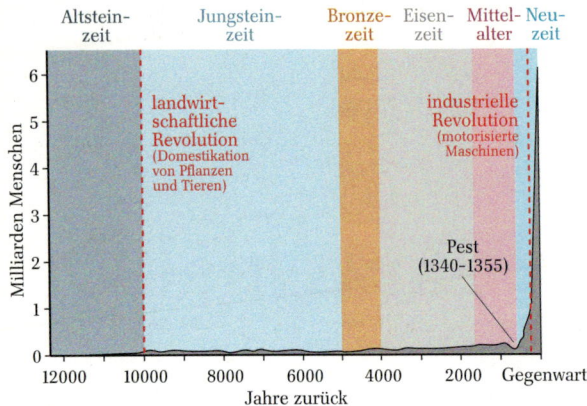

Abb. 1 Globales Wachstum der Population von Homo sapiens

Im Laufe der Erdgeschichte überstand das Leben Klimaschwankungen, Vulkanausbrüche und Meteoriteneinschläge. Die Dominanz des Menschen und seine Eingriffe in die globalen Stoffkreisläufe erreichen nun aber solche Ausmaße, dass die Zukunft unserer vertrauten Flora und Fauna stark beeinträchtigt ist. Keine Generation hat ihre Umwelt stärker umgestaltet als die jetzige. Die Menschheit steht an einem Wendepunkt. Im 21. Jahrhundert wird sie die vielleicht kritischste Phase ihrer letzten 100 000 Jahre durchlaufen. Um 2050 dürfte sich die Weltbevölkerung nach Jahrhunderten ungebremsten Wachstums bei rund 10 Milliarden einpendeln *(Abb. 1)*, aber zugleich unseren Heimatplaneten an den Rand der Belastbarkeit bringen. Wir müssen deshalb unser Wirken im globalen Ökosystem auf nachhaltig-zukunftsverträgliche Entwicklung *(S. 31)* umstellen und dabei ökologische, ökonomische und soziale Rahmenbedingungen ausgewogen berücksichtigen.

A1 Erklären Sie die Begriffe Ökosystem, Genpool, biologische Art und Population.

1 Populationsdynamik im Ökosystem – Wachstum und Einflussfaktoren

Die Individuen eines Ökosystems gehören stets zu einer Vielzahl von Arten. Die Angehörigen einer Art sind auf dieselben Ressourcen angewiesen und reagieren auf Umweltfaktoren ähnlich. Als **Population** bilden sie eine Fortpflanzungsgemeinschaft mit gemeinsamem Genpool. Eine Population lässt sich durch Merkmale wie Dichte der Besiedlung, Altersaufbau, Geschlechterverteilung, Geburten- und Sterberate, Zu- und Abwanderungsrate charakterisieren. Von besonderem Interesse sind die Veränderungen dieser Parameter und ihre Ursachen.

1.1 Die Dynamik einer Freiland-Population

Blattläuse *(Abb. 2)* sind gefürchtet. Sie saugen zuckerreichen Pflanzensaft aus den Leitgeweben und müssen große Mengen davon aufnehmen, um ihren Stickstoffbedarf zu decken. Die Verluste schwächen die Wirtspflanze. Blattläuse übertragen zudem Krankheitserreger, z. B. Pflanzenviren oder Rußtaupilze; Letztere siedeln auf zuckerigen Ausscheidungen der Blattläuse und behindern die Fotosynthese. An Triebspitzen von Kirschbäumen findet man Blattläuse im Frühjahr zunächst nur vereinzelt *(Abb. 3)*. 2–3 Wochen später sind quasi über Nacht oft alle jungen Blätter und Sprosse „schwarz vor Läusen". Wie erklärt sich dieses **„explosionsartige" Populationswachstum**?

Bei Blattläusen gibt es mehrere Besonderheiten im Jahreszyklus: Im Frühjahr und Sommer treten ausschließlich Weibchen auf – jede Blattlaus bekommt also Nachwuchs. In ihrem Körper entwickeln sich am

Abb. 2 Blattläuse auf einem Pflanzenstängel

A2 Erläutern Sie, warum Blattläuse Pflanzensaft im Überschuss aufnehmen müssen, um ihren Stickstoffbedarf zu decken.

Tag 3–6 Jungtiere aus **unbefruchteten Eiern**. Förderlich für die Vermehrung ist, dass Ameisen Blattläuse durch Betrillern mit den Fühlern „melken", um an ihre Ausscheidungen zu gelangen; so wird der Saftfluss und damit Wachstum und Fortpflanzung beschleunigt. Plötzlich verringert sich der Populationszuwachs *(Abb. 3)*, die Kurve kippt, die Population schrumpft. Bevor die Grenze der **Nahrungskapazität** erreicht ist, werden geflügelte Junge geboren, die sich auf dem Luftweg eine andere Wirtspflanze suchen. Auch zunehmendes Verholzen der jungen Triebe erzwingt den **Wirtswechsel**. Außerdem beobachtet man jetzt **Blattlausräuber** in größerer Zahl, z. B. Marienkäfer, Florfliegen und ihre Larven *(Abb. 4)*. War der letzte Sommer warm und trocken *(Abb. 3, rote Kurve)*, konnten sich die Räuber gut vermehren; im Folgejahr kontrollieren sie den Bestand schnell.

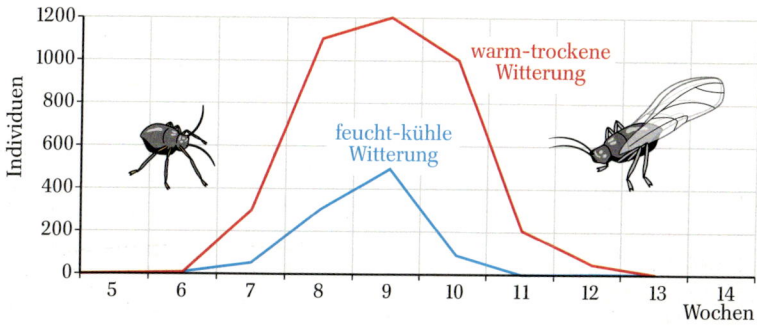

Abb. 3 Populationsentwicklung der Schwarzen Kirschenblattlaus (bis 3 mm; l. ungeflügelt, r. geflügelt) auf einem Kirschbaum Ende April bis Anfang Juni

Abb. 4 Feinde der Blattlaus: Marienkäfer und Larve (1, 2); Florfliege und Larve (3, 4)

Im umgekehrten Fall *(Abb. 3, blaue Kurve)* hinkt die Vermehrung der Blattlaus-Fressfeinde dem Befall beträchtlich hinterher. In warmen und feuchten Jahren dezimieren auch auf Blattläuse spezialisierte Pilze die Kolonien. Durch den Wirtswechsel entzieht sich ein Teil der Blattläuse seinen Feinden. Mehrfach wird bis zum Herbst die Wirtspflanze von geflügelten Blattlausgenerationen gewechselt (Populationswachstum wie in *Abb. 3*). Die letzte Herbstgeneration bringt schließlich auch männliche Tiere hervor. Nach der Paarung legen die Weibchen frostharte Eier. Nur diese überleben den Winter. Im Jahresverlauf erhält man für Blattläuse also eine **oszillierende** (wellenförmige) **Wachstumskurve**, wie sie für viele Populationen typisch ist. Auch bei Pflanzen ergeben sich ähnliche oszillierende Kurven *(Abb. 5)*.

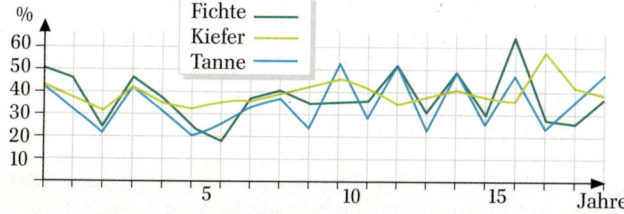 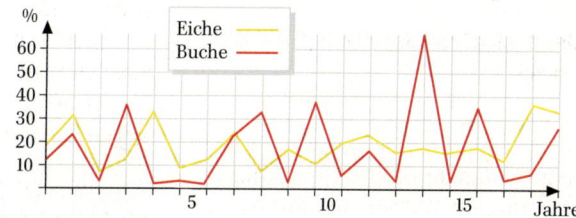

Abb. 5 Samenerträge von Waldbäumen in % vom maximal möglichen Samenertrag

1.2 Idealisierte und reale Populationsentwicklung

Bei **unbeschränkten Ressourcen** zeigen alle Organismen höchstmögliches Wachstum *(Abb. 1)*. Die Kurve hat **„J"-Form**; mathematische Modelle beschreiben es als **exponentiell** *(Exkurs)*. Real tritt es zeitweise auf, wenn ein Lebensraum neu besiedelt wird oder sich eine Population nach einer Katastrophe erholt *(Abb. 1)*. Kennzeichen ist eine **konstante Verdoppelungszeit**, die immer wieder verblüfft: Ein Kirschbaum erscheint „über Nacht schwarz vor Läusen" oder ein Teich „von heut' auf morgen" durch Wasserlinsen zugewachsen. Längere Zeit ist bisher aber nur die menschliche Population exponentiell gewachsen *(S. 15)*.

In keinem Ökosystem ist Wachstum unbegrenzt möglich. Realitätsnähere Modelle beziehen die **Kapazität K** des Ökosystems als Obergrenze für eine Population ein, **„S"-förmiges** oder **logistisches Wachstum** *(Tab. 1; Exkurs)* ergibt sich. Die Wachstumsrate ist zu Beginn maximal; sie nimmt ab, je mehr sich die Individuenzahl N der Kapazität K nähert *(Abb. 2)*. Dafür kann eine erhöhte Sterberate oder eine niedrigere Geburtenrate den Ausschlag geben. Schließlich stellt sich Nullwachstum ein, die Kurve bleibt im Idealfall auf einem Plateau.

Um die Populationsdynamik vorherzusagen, nützt man **mathematische Modelle** *(Exkurs)*. Doch nur einzelne Abschnitte einer realen Wachstumskurve lassen sich mit vergleichsweise einfacher Mathematik beschreiben. Jedes mathematische Modell ist nur ein Beschreibungsversuch. Für oszillierendes Wachstum benötigt man kompliziertere Differenzialgleichungen. Populationsdynamische Forschungen ohne Computerhilfe sind kaum denkbar. **Reale Populationen** zeigen manchmal **angenähert logistisches Wachstum** *(Abb. 4; Exkurs)*, oft kommt es zu einem Oszillieren um die Kapazitätsgrenze des Ökosystems. Gründe für die Schwankungen lassen sich nicht immer leicht ermitteln.

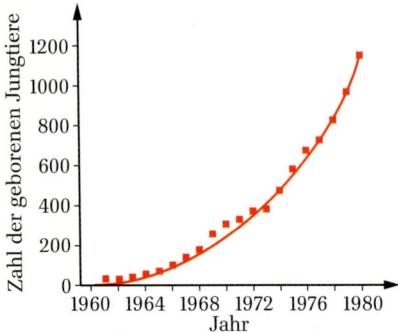

Abb. 1 Annähernd exponentielles Wachstum der Inselpopulation einer Kolonie Nördlicher See-Elefanten nach Stopp der Bejagung

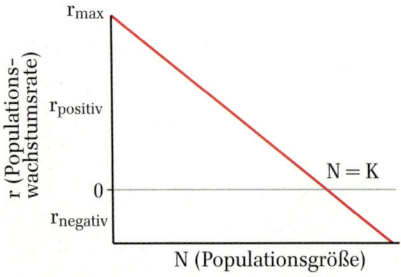

Abb. 2 Wachstumsrate r in Abhängigkeit von der Individuenzahl N bei logistischem Wachstum.

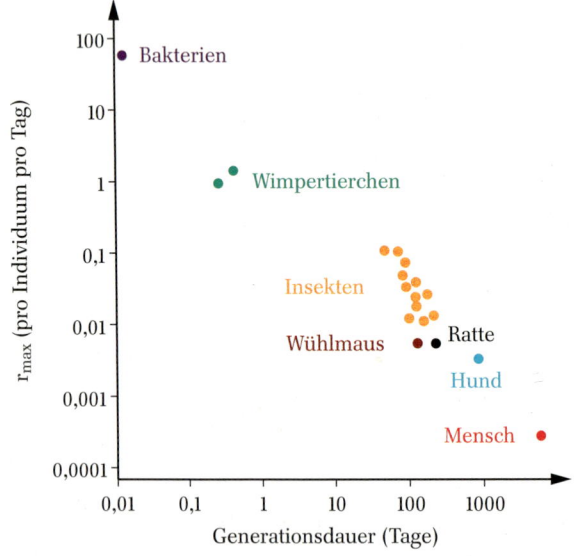

Abb. 3 Generationszeit und maximale Wachstumsrate (doppelt-logarithmische Darstellung); zu Vergleichszwecken ist r_{max} auch für größere Lebewesen pro Kopf und Tag berechnet.

A3 Interpretieren Sie die Abbildungen 1 und 4 und berechnen Sie die aktuelle Wachstumsrate r für verschiedene Zeitpunkte des logistischen Wachstums *(vgl. Exkurs)*.

A4 Diskutieren Sie, ob die Kapazität eines Ökosystems unter naturnahen Bedingungen konstant ist.

A5 Das logistische Wachstumsmodell hängt von der Populationsdichte ab. Erklären Sie diese Aussage. Begründen Sie mit Beispielen, warum in der Realität – entgegen dem logistischen Modell – bei geringer Populationsdichte neu hinzukommende Individuen nicht unbedingt negativen Einfluss auf das Populationswachstum ausüben.

Exkurs
Mathematische Modelle für exponentielles und logistisches Wachstum

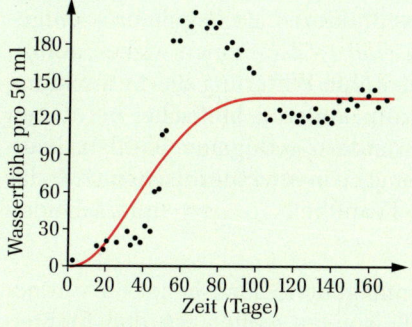
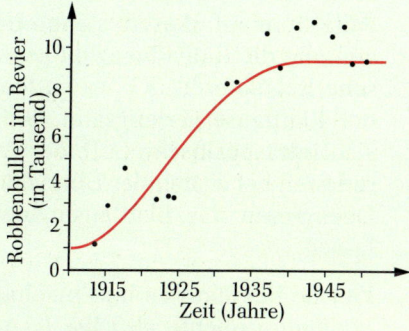

Abb. 4 Reales Wachstum und logistisches Modell: (a) Laborkultur Wasserflöhe, (b) Robbenpopulation auf neu besiedelter Insel vor Alaska

$N_0 = 50$; $r_0 = 0{,}75$; $K = 1200$;
exp. = exponentielles, log. = logistisches Wachstum

t	Nexp.	N.log	t	Nexp.	N.log	t	Nexp.	N.log
1	88	86	6	1436	808	11	23571	1199
2	153	146	7	2513	1006	12	41256	1200
3	267	242	8	4398	1128	13	72188	1200
4	469	387	9	7697	1179	14	126328	1200
5	821	583	10	13469	1194	15	221075	1200

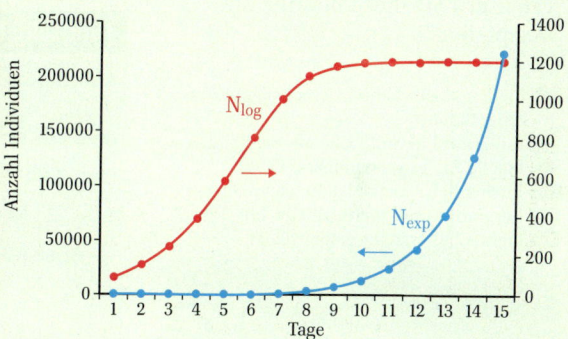

Tab. 1 Wertetabelle und grafische Darstellung von exponentiellem und logistischem Wachstum (Beispiel vgl. Kasten 1–10)

Mathematische Modelle für exponentielles und logistisches Wachstum

(a) **Exponentielles Wachstum:** Eine Blattlauskolonie startet am Kirschbaum mit 50 Individuen ($N_0 = 50$). Pro Tag werden 50 Nachkommen geboren, ein Viertel der Tiere stirbt. Für die **Geburtenrate** gilt $b = 1$ (50 Geburten pro 50 Tiere), für die **Sterberate** $m = \frac{50}{4} = 0{,}25$. So wächst die Population um 75 pro 50 Tiere am Tag. Die **Wachstumsrate** r beträgt $r = b - m = 1 - 0{,}25 = 0{,}75$ pro Tag; errechnete Werte und Wachstumskurve vgl. *Tab. 1*.

Zur Berechnung: Für das Populationswachstum gilt als Grundgleichung $N_{t+1} = N_t + \Delta N$ oder neue Anzahl = bestehende Anzahl + Veränderung. Das Ausmaß der Veränderung ΔN ist dabei direkt proportional zur bestehenden Anzahl N_t; Proportionalitätskoeffizient ist die Wachstumsrate r; deshalb gilt:

$N_{t+1} = N_t + r\,N_t$ [1] oder umgeformt $N_{t+1} = N_t\,(r+1)$

Diese Gleichung beschreibt zwar nur die Populationsgröße zum jeweiligen Folgezeitpunkt N_{t+1}, doch lässt sie sich verallgemeinern:

$N_1 = N_0\,(r+1)^1$
$N_2 = N_1\,(r+1) = N_0\,(r+1)^1\,(r+1) = N_0\,(r+1)^2$
$N_3 = N_2\,(r+1) = N_0\,(r+1)^2\,(r+1) = N_0\,(r+1)^3$ usw.

allgemein: $N_t = N_0\,(r+1)^t$ [2]

Schon MALTHUS (S. 17) hat mit Formel [2] Populationsentwicklungen vorhergesagt.

(b) Für **logistisches Wachstum** gibt die **Kapazitätsgrenze** K die maximale Individuenzahl an, die in einem Ökosystem leben können. Formal wird dazu die höchstmögliche Wachstumsrate r_0 des exponentiellen Wachstums durch einen Korrekturfaktor erweitert:

$r = r_0\left(1 - \dfrac{N_t}{K}\right);$

eingesetzt in Formel [1] ergibt sich:

$N_{t+1} = N_t + N_t\,r_0\left(1 - \dfrac{N_t}{K}\right).$

Tabelle 1 zeigt für das Blattlausbeispiel aus (a) Werte und zugehörige Wachstumskurve – als Kapazität des Kirschbaums werden 1200 Blattläuse angenommen.

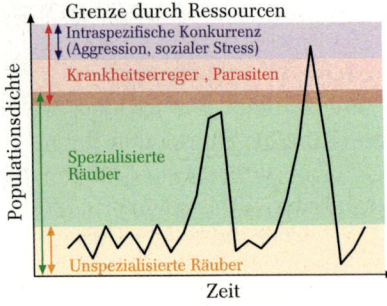

Abb. 1 Hierarchie der Regulatoren bei Insektenpopulationen

A6 Man unterscheidet dichteabhängige und dichteunabhängige Regulatoren einer Population. Erläutern Sie diese Begriffe mit Beispielen.

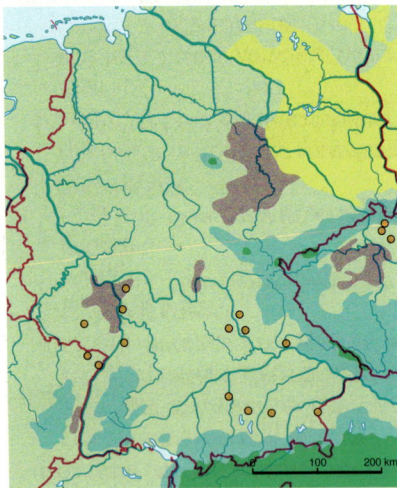

- Eichenmischwälder in Trockengebieten ohne Buche
- Kiefernwälder mit Eiche auf Sandböden
- Lokale Kieferndominanz
- Buchenbeherrschte Laubmischwälder
- Bergmischwald mit Buche, Fichte, Tanne
- Fichtenbeherrschte Nadelwälder

Abb. 2 Natürliche Waldzusammensetzung in Mitteleuropa

Abb. 3 Naturnaher Buchenwald in den Bayrischen Kalkalpen

1.3 Einfluss von Umweltfaktoren auf Populationen

Jede Population weist dank der **Vermehrungsfähigkeit** ihrer Mitglieder Wachstum auf; diesem stehen **Umweltfaktoren** als Regulatoren entgegen, die die Individuenzahl senken *(Tab. 1)*. Zum einen wirken **abiotische** Regulatoren, z. B. wenn feucht-kühle Witterung die Entwicklung der Blattläuse verlangsamt *(S. 5)*, zum anderen **biotische**, bei denen sich **intraspezifische** (z. B. das Auswandern geflügelter Blattlausgenerationen bei drohender Übervölkerung) von **interspezifischen** (z. B. das Dezimieren der Blattläuse durch Krankheitserreger) unterscheiden lassen.

Welche Regulatoren im Einzelnen maßgebend sind, hängt oft von der Populationsdichte ab *(Abb. 1)*. An Beispielen wollen wir den Einfluss von Regulatoren näher untersuchen.

Biotische Regulatoren		Abiotische Regulatoren
intraspezifische, z. B.: – Konkurrenz, sozialer Stress, Aggression, Vertreibung – Auswanderung	interspezifische, z. B.: – Konkurrenz, Aggression, Vertreibung – Feinde (Krankheitserreger, Parasiten, Räuber, Filtrierer in Gewässern)	nachteilige Veränderungen im Ökosystem, z. B.: – Wetter und Witterung (Hagel, Frost, Schnee, Dürre, …) – Wachstumsfaktoren (Nährstoffe, Wasser, Licht usw.) – Naturkatastrophen (Überschwemmung, Vulkanismus) – Umweltgifte (Schwermetalle, Pestizide, Luftschadstoffe …)

Tab. 1 Regulatoren der Populationsdichte – Überblick

1.3.1 Beispiel 1: Regulatoren der Baumarten im Wald

Die Buche dominiert von Natur aus in den meisten Wäldern Mitteleuropas, obwohl der Optimalbereich aller Waldbäume bei „mittleren" Standortverhältnissen mit angemessener Wasser- und Nährionenversorgung liegt *(Abb. 2, 3)*. Entscheidend dafür sind primär **biotische Regulatoren**: Im Konkurrenzkampf setzen sich rasch wachsende Arten durch, unter diesen wiederum stärker Schatten ertragende und spendende, wie Buche und Tanne *(Tab. 2)*. Durch ihr schnelleres Jugendwachstum ist die Buche der Tanne überlegen. Nur Esche und Bergahorn können stellenweise mithalten, weil sie noch kräftigeres Wachstum zeigen. Sie dominieren, wenn **abiotische Regulatoren** die Buche hemmen (z. B. Vernässung des Bodens) und ausgezeichnete Nährionenversorgung gewährleistet ist. Die lichtbedürftige Schwarzerle ist auf sehr nasse, moorige Standorte abgedrängt; nur dort kann sie trotz raschem Wachstum Bestände bilden. Birken keimen auf allen Böden, können jedoch nur auf sauren Nassböden mit schlechter Nährionenversorgung hervortreten, weil sie hier konkurrenzlos sind. Ähnliches gilt für die Kiefer. Wo Trockenperioden häufig sind und in Beckenlagen oft Spätfröste auftreten, tritt die Buche zurück. Hier dominieren die licht- und wärmebedürftigen Eichen, die weniger Wasser brauchen und erst relativ spät austreiben.

Der Mensch als Umweltfaktor

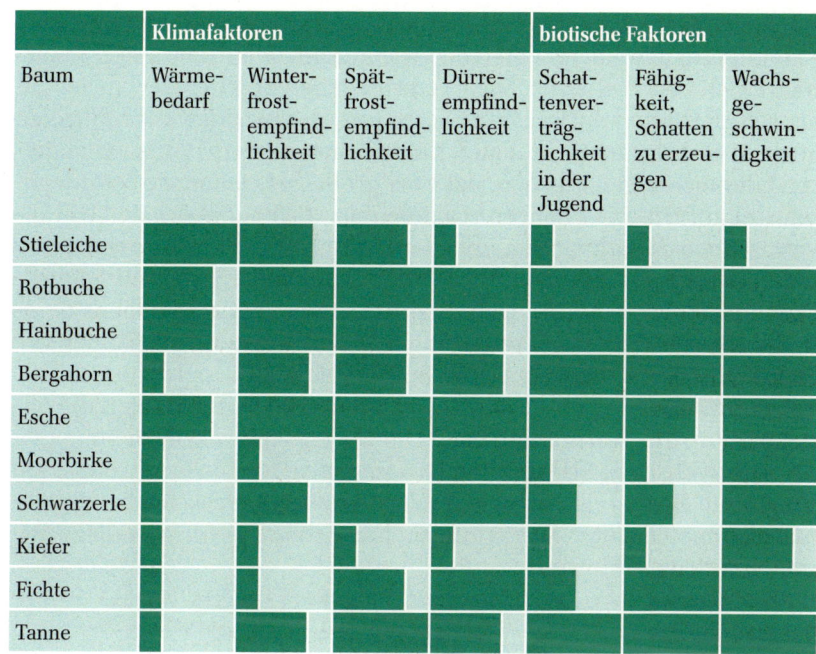

Tab. 2 Abiotische (Klimafaktoren) und biotische Regulatoren für wichtige Waldbäume

Abb. 4 Bergmischwald im Herbst mit Buche, Fichte, Tanne, Bergahorn (Kalkalpen, ca. 1 000 m)

Abb. 5 Fichtenwald in den Kalkhochalpen (ca. 1 500 m)

Ab ca. 900 m Meereshöhe ist in den Alpen die Fichte von Natur aus häufiger; der Bergmischwald entsteht. Auf Standorten, die der Buche zu nährionenarm oder zu feucht sind, schiebt sich die Tanne in den Vordergrund (Abb. 4). Erst ab ca. 1 200 m dominieren bis zur Baumgrenze Fichten im Nadelwald (Abb. 5). Harte Winter lassen keine Laubbäume zu.

A7 Auf nährionenarmen Böden aus Granit zählt man in Schottland 1–10 Schneehasen pro km², auf vulkanischen Böden mit ausgezeichneter Nährionenversorgung dagegen 40–80. Begründen Sie die Unterschiede

1.3.2 Beispiel 2: Räuber-Beute- bzw. Feind-Opfer-Systeme

Die Gemeine Spinnmilbe (Abb. 6) saugt im Gewächshaus Blattzellen vieler Gemüsepflanzen aus. Ihre Populationsdichte unterliegt großen Schwankungen (Abb. 7). Nur wenig größere Raubmilben vernichten die Spinnmilben, wenn im Gewächshaus optimale Umweltbedingungen eingestellt sind und man die Räuber zur biologischen Schädlingsbekämpfung in hoher Anzahl zusetzt. Setzt man sie in geringer Zahl zu, ergeben sich phasenverschoben Oszillationen der Dichte beider Populationen (Abb. 7): Die Zahl der Räuber bleibt immer wesentlich niedriger als die Zahl der Beutetiere, die jeweiligen Maxima bzw. Minima werden von der Räuberpopulation etwas später durchlaufen als von der Beutepopulation. Eine Abnahme der Beute führt zwangsläufig zum Rückgang der Räuber. Das hohe Vermehrungspotenzial der Beute lässt die Beutepopulation dann wieder stark ansteigen, wodurch sich die Bedingungen für die Räuber erneut verbessern. Hält man in diesem Modellökosystem abiotische Regulatoren konstant, insbesondere die Nährionen- und Wasserversorgung der Pflanzen und das Gewächshausklima, kontrollieren sich die Populationen von Räuber und Beute gegenseitig.

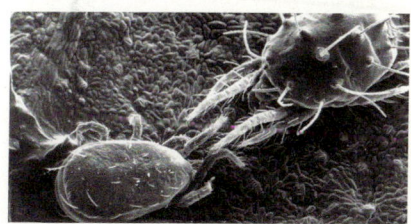

Abb. 6 Raubmilbe saugt Spinnmilbe aus

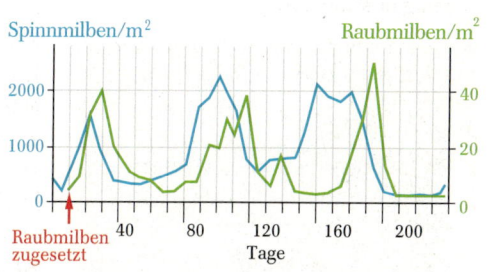

Abb. 7 Oszillierende, phasenverschobene Populationsdichten von Spinn- und Raubmilben im Gewächshaus

A8 Abbildung 8 zeigt die Entwicklung einer Spinnmilbenpopulation ohne Raubmilben. Erläutern Sie, warum auch ohne die Anwesenheit des Räubers Schwankungen entstehen und zeigen Sie an weiteren Beispielen, wie Beutepopulationen Räuberpopulationen, aber auch Parasiten und Krankheitserreger ihre Opfer regulieren.

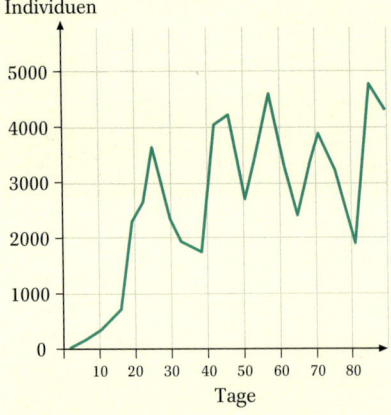

Abb. 8 Wachstum einer Spinnmilbenpopulation im Gewächshaus

Im **Freiland** beobachtet man Ähnliches: Der Schneeschuhhase ist in Kanadas Nadelwäldern einer der wichtigsten Pflanzenfresser. Er ernährt sich von den Endtrieben verschiedener Büsche. Der Luchs gilt als sein Hauptfeind. Die etwa 10-jährigen Hasenzyklen *(Abb. 9)* treten auch in Gebieten auf, in denen Luchse ausgerottet wurden. Genauere Untersuchungen ergaben, dass bei größter Hasendichte Nahrungsmangel auftritt. Die Pflanzen reagieren nämlich auf übermäßige Fraßverluste mit Abwehrstoffen und werden ungenießbar. Die Produktion der Abwehrstoffe hält 2–3 Jahre an. In dieser Zeit sterben Schneeschuhhasen in Massen; Geburtenzahl und Überlebenswahrscheinlichkeit der Jungtiere sinken. Hunger, möglicherweise zusammen mit Krankheit durch sozialen Stress (s. u.), macht sie zur leichten Beute. Vermutlich fallen Luchsen insbesondere die Hasen zum Opfer, die ohnehin zum Tode verurteilt wären. Die Hasen-Pflanzen-Beziehung gibt also die **zyklischen Schwankungen** vor, denen der Luchs sich anpassen muss: Die **Beute reguliert** damit den **Räuber**. Einfache Räuber-Beute-Modelle bieten selten eine hinreichende Erklärung für natürliche Populationsschwankungen.

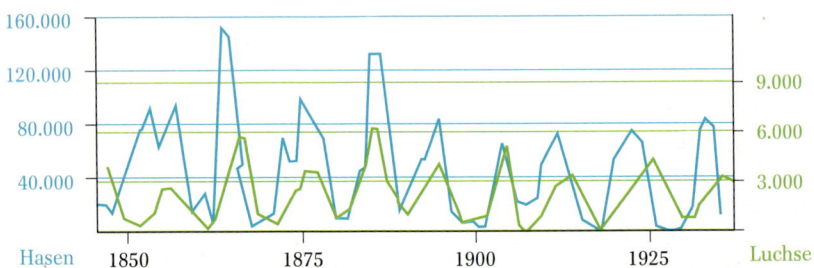

Abb. 9 Populationsschwankungen von Schneeschuhhase und Luchs in Kanada

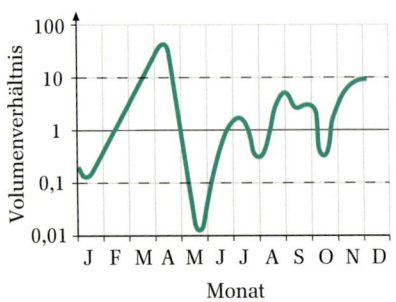

Abb. 10 Verhältnis Phytoplankton (planktische Algen) zu Zooplankton (insbesondere Kleinkrebse) in einem nährstoffreichen See im Jahresgang

A9 Beschreiben und erläutern Sie die Vorgänge, die zum in Abbildung 10 dargestellten Kurvenverlauf geführt haben.

Viele zyklische Schwankungen von Räuber- und Beutepopulationen sind bekannt. Auch in Wirt-Parasit-Systemen oder Opfer-Krankheitserreger-Systemen *(S. 16 f.)* beobachtet man sie. Nur bei extremen **Größendifferenzen** zwischen Feind und Opfer ist eine effektive Reduzierung der Opferpopulation wahrscheinlich *(Abb. 11)*, sie erfolgt kaum, wenn Feind und Opfer etwa gleich groß sind. In Gewässern sind Filtrierer (z. B. Muscheln, Kleinkrebse im Plankton) entscheidende Regulatoren, z. B. kontrollieren Wasserflöhe effektiv die Populationen viel kleinerer Algen *(Abb. 10)*.

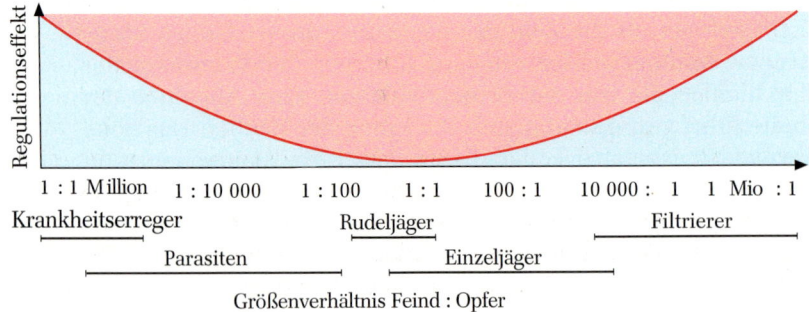

Abb. 11 Effekt verschieden großer Feinde auf die Regulation von Opferpopulationen

1.3.3 Beispiel 3: Selbstregulation

Kaninchen sind bekannt für hohe Vermehrungsraten. Eine Freilandpopulation umfasst seit Jahren im Spätherbst um 400 Tiere. Jedes Jahr setzen die dominanten Weibchen – nur sie kommen zur Fortpflanzung – in bis zu sechs Würfen insgesamt 150 bis 200 Junge. Von diesen überleben jedoch nur 5 % den nächsten Winter; etwa genau so viele Erwachsene sterben im Jahr. 95 % der Jungtiere bleiben auf niedrigem Rang ohne Sozialkontakte und ohne Fortpflanzungspartner. Sie werden an den Gruppenrand abgedrängt. Im Winter magern sie ab und sterben. Der Anteil an Jungtieren, der Greifvögeln und Mardern zum Opfer fällt, ist sehr gering. Nahrungsmangel kommt als Ursache der hohen Wintersterblichkeit kaum infrage, da Erwachsene und sozial integrierte Junge den Winter fast ohne Massenverlust überstehen. Was reguliert die Population?

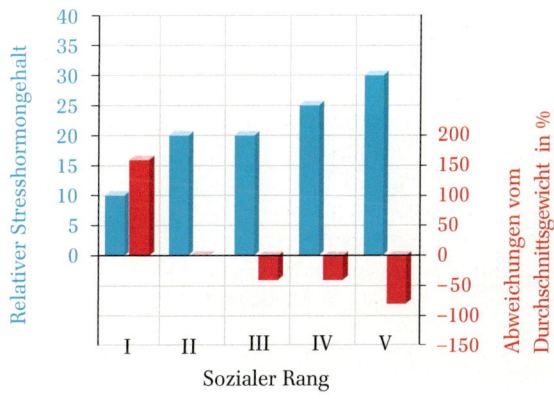

Abb. 12 Stresshormongehalt und Abweichungen vom durchschnittlichen Körpergewicht bei Hausmäusen in Abhängigkeit vom sozialen Rang (I = ranghöchste, V = rangniedrigste Tiere)

Ausgegrenzte Tiere geben andauernd Stresshormone in die Blutbahn ab. Deren eigentliche Aufgabe wäre es, den Körper bei Gefahr schnell in Alarmzustand zu versetzen. Ranghöchste Tiere haben relativ geringe Stresshormongehalte, gleichzeitig erreichen sie ein überdurchschnittliches Gewicht *(Abb. 12)*. Rangniedere hingegen sind untergewichtig und weisen höchste Stresshormongehalte auf. Die überhöhte Konzentration führt schließlich zu Verteidigungsunfähigkeit, Erschöpfung und entweder direkt zum Tod oder zur Begünstigung anderer Todesursachen. Eine derartige **Selbstregulation bei Übervölkerung** beobachtet man bei vielen Tieren; Symptome und Ursachen bezeichnet man zusammen als **sozialen Stress**.

A10 Erklären Sie, warum auch Pflanzen überhöhte Populationsdichten vermeiden müssen und erläutern Sie entsprechende Strategien.

A11 Der Artgenosse ist der ärgste Feind eines Lebewesens. Erklären Sie diese Behauptung.

A12 Begründen Sie, weshalb ein Spezialist seine Beute kaum ausrotten kann, wohl aber ein Generalist.

Zusammenfassung

Individuen der gleichen Art bilden im Ökosystem eine **Population** mit eigenem Genpool. In jeder Population besteht infolge der Vermehrungsfähigkeit der Organismen eine Wachstumstendenz. Demgegenüber wird die Populationsdichte durch **inter-** und **intraspezifische biotische Regulatoren** sowie **abiotische Umweltfaktoren** begrenzt. Typischerweise oszillieren Wachstumskurven. Idealisierte Populationen lassen sich mit **mathematischen Modellen** beschreiben (**exponentielle Wachstumsphase, logistisches Wachstum** bis zur **Kapazitätsgrenze** des Ökosystems).

Je ausgeprägter die Größenunterschiede zwischen **Feind** und **Opfer,** desto effektiver ist die interspezifische Regulation. Typische Jäger leben meist nur vom Überschuss; die Beute **reguliert** den Räuber! **Parasiten** und **Krankheitserreger** können hingegen die Population ihrer Opfer kontrollieren.
Selbstregulation der Populationsdichte erfolgt durch Aggressionsverhalten und sozialen Stress.

2 Strategien zur Sicherung des Fortpflanzungserfolgs

Abb. 1 Amerikanische Zikaden (bis 5 cm) zirpen so intensiv, dass Singvogelmännchen kaum in der Lage sind, durch ihren Gesang ein Revier abzugrenzen; sie stellen die Reduktion der Aktivität potenzieller Fressfeinde vor die eigene Fortpflanzung.

A1 Ordnen Sie unterschiedliche Pflanzen und Tiere den Typen von Überlebenskurven zu und begründen Sie Ihre Angaben.

A2 Zur Sicherung der Fitness ist ein Kompromiss zwischen Sicherung des Überlebens und des Reproduktionserfolgs nötig. Begründen Sie diese These mit Beispielen.

Amerikanische Zikaden verbringen als Larven genau 13 bzw. 17 Jahre geschützt im Boden und saugen Pflanzensaft. Exakt nach Ablauf dieser Zeit kommen sie in Massen ans Tageslicht, sichern akustisch *(Abb. 1)* zusätzlich ihren Fortpflanzungserfolg und sterben nach Paarung und Eiablage. Ihre Leichen düngen den Waldboden mit Stickstoff und kurbeln schlagartig die pflanzliche Produktion an. Wie erklärt sich ein solcher Lebenszyklus?

Die natürliche **Selektion** bestimmt, wann und wie oft sich Organismen fortpflanzen, wie viele Nachkommen sie zeugen und wieviel Eltern in Brutfürsorge bzw. -pflege investieren. So ergeben sich in Abhängigkeit von potenzieller Lebensdauer und den Gegebenheiten im Ökosystem unterschiedliche **Strategien** zur Sicherung der **Fitness**, d. h. des Lebenszeit-Fortpflanzungserfolgs. Meist ist ein Kompromiss zwischen Sicherung des Überlebens und Sicherung des Reproduktionserfolgs nötig. Die Produktion vieler Nachkommen mit mäßiger Überlebenschance kann zu geringerer Fitness führen als die Produktion weniger, gut versorgter, die bei hoher Populationsdichte erfolgreich um knappe Ressourcen konkurrieren. Aus Geburten- und Sterberaten lässt sich die Organismenzahl der Population abschätzen, die in einem bestimmten Alter noch leben sollte. Daraus ergeben sich drei Grundtypen von **Überlebenskurven** *(Abb. 2)* mit unterschiedlichen Fortpflanzungsstrategien, für die wir Beispiele kennen lernen.

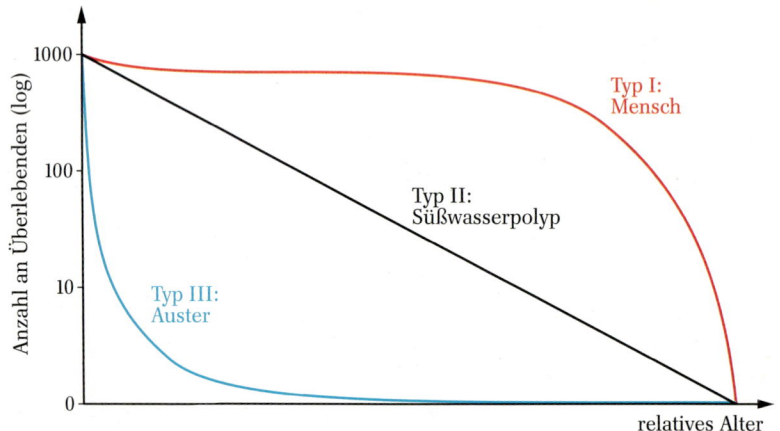

Typ I: abgesehen von frühester Jugend große Überlebenswahrscheinlichkeit bis ins hohe Alter (große Organismen, mit sehr wenig Nachwuchs, intensive Brutfürsorge)
Typ II: mittlere Überlebenswahrscheinlichkeit über gesamte Lebensspanne
Typ III: sehr hohe Sterberaten in der Jugend, geringe Sterbewahrscheinlichkeit ab einer bestimmten Altersschwelle (sehr viel Nachwuchs ohne Brutpflege)

Abb. 2 Überlebenskurven unterschiedlicher Organismentypen; beachte: Ordinate logarithmisch, Abszisse metrisch skaliert

Der Mensch als Umweltfaktor 13

2.1 Anpassung von Zahl und Zeitpunkt der Reproduktionsphasen

Die Fortpflanzungsstrategie **„Alles-auf-eine-Karte"** kennzeichnet die meisten Insekten *(Abb. 1)*, aber auch Wanderfische wie Lachs und Aal und manche Pflanzen *(Abb. 2)* in Trockengebieten.

A3 Erklären Sie, weshalb Wanderfische auf einmalige Fortpflanzung selektiert sind.

Jahr	Okt – April	Mai – Juni	Juli – Sept
1. Jahr	Käfer im Boden	Käfer frisst Blätter, Paarung, Eiablage (im Boden)	Engerling frisst Moder
2. Jahr	Engerling ruht	Engerling frisst Wurzeln	
3. Jahr	Engerling ruht	Engerling frisst Wurzeln	
4. Jahr	Engerling ruht	Engerling frisst Wurzeln	Verpuppung (1 m Tiefe)

Abb. 1 Maikäfer (bis 4 cm) investieren in Mitteleuropa 4 Jahre nur in Wachstum und Überlebenssicherung und stecken bei ihrer einmaligen Fortpflanzung alle Reserven in den Nachwuchs. Nach Begattung bzw. Eiablage sterben die Tiere.

Abb. 2 Agaven wachsen über Jahre ohne Fortpflanzung und sterben nach der Ausbildung von Blütenstand und Samen in einem Feuchtjahr

Größere, mehrjährige Organismen pflanzen sich nach Erreichen der Geschlechtsreife meist jährlich fort (Strategie: mäßig, aber regelmäßig). In Jahreszeiten-Klimaten (Winter und Sommer, Regen- und Trockenzeit) beginnt die **Hauptinvestitionsphase** in den Nachwuchs fast immer mit der günstigeren Jahreszeit. Viele unserer Fische und Vögel pflanzen sich im Frühjahr bis Frühsommer fort. Bei Rehen führte die Selektion sogar zu verzögerter Keimesentwicklung. Die Hauptblüte der Pflanzen fällt in Europa in die Monate April-Mai-Juni, anschließend bleibt genügend Zeit für die Fruchtreife. In den wechselfeuchten Tropen blühen Pflanzen meist gegen Ende der Trockenzeit.

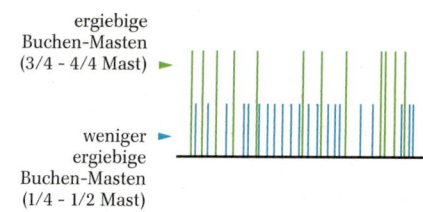
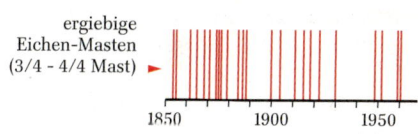

Abb. 3 Vollmastjahre von Buchen und Eichen in Unterfranken

Können sich Feinde auf regelmäßige Reproduktion potenzieller Opfer einstellen, sind vor allem die Jugendstadien gefährdet. Zur Sicherung des Fortpflanzungserfolgs bei hohem Feinddruck dient die **Strategie der Unvorhersehbarkeit**. Bei Buchen und Eichen fruchten nur in unregelmäßigen Abständen alle Bäume im Bestand in ihrer gesamten Krone (Vollmast; *Abb. 3*). Zum einen verbrauchen Laubbäume bei vollem Samenertrag nahezu 2/3 aller Energiereserven. Vor erneuter Reproduktion müssen also Reserven angelegt werden. Andererseits ist der Fortpflanzungserfolg nur bei

A4 Erklären Sie, warum die Fortpflanzungsstrategie „Alles-auf-eine-Karte" in Trockengebieten bei mehrjährigen Pflanzen, aber kaum bei mehrjährigen Tieren zu beobachten ist!

A5 In immerfeuchten tropischen Regenwäldern blühen bzw. fruchten Bäume selbst der gleichen Art zu unterschiedlichen Zeiten. Derselbe Baum kann teils blühen, teils fruchten, teils eine Reproduktionspause einlegen. Erklären Sie diese Fortpflanzungsstrategie.

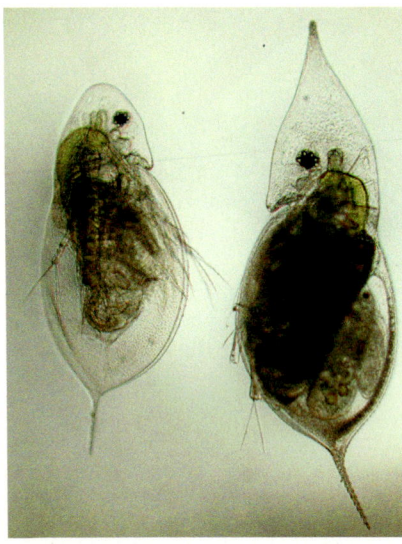

Abb. 1 Frühjahrsform des Wasserflohs *Daphnia retrocurva* (l.) und Sommerform (r.)

A6 Erklären Sie die Fortpflanzungsstrategie und die Bedeutung eines 13- bzw. 17-jährigen Lebenszyklus amerikanischer Zikaden (Abb. 1, S. 12). Gehen Sie auch auf die Stellung der Zikaden im Stoffkreislauf des Ökosystems ein.

A7 Nennen Sie weitere Beispiele für r- und K-Strategen aus dem Tier- und Pflanzenreich und begründen Sie Ihre Zuordnung.

Vollmast sicher. Samen sind äußerst begehrt; liegen zu wenig vor, werden sie fast alle gefressen. Selbst nach erfolgreicher Keimung fallen regelmäßig bis zu 3/4 der Jungpflänzchen durch Krankheiten, Mäuse- und Käferfraß sowie Wildverbiss aus. So können Jahrzehnte bis zur erfolgreichen Verjüngung vergehen. Auch Tiere verfolgen die Strategie der Unvorhersehbarkeit.

2.2 Anpassung an unterschiedliche Populationsdichten

Wasserflöhe der Art *Daphnia retrocurva* (Abb. 1) bilden im Frühjahr eine große Brutkammer, in der stets 6–8 Embryonen zu finden sind. Asexuelle Fortpflanzung und hohe Investition in den Nachwuchs lässt die Populationsdichte mit maximaler Wachstumsrate r_{max} (S. 6) bis an die Kapazitätsgrenze steigen. Ab dem Frühsommer nimmt das Phytoplankton als Nahrung ab und die Zahl der Daphnien-Feinde steigt. Die Daphnien ändern nun ihre Körperform. Baustoffe und Energie fließen nicht mehr bevorzugt in den Nachwuchs, sondern zunehmend in die Überlebenssicherung: Ein großer Kopfhelm und ein Dornfortsatz verbessern den Schutz vor Fressfeinden, in der Brutkammer sind nur mehr 2–3 Embryos. Allgemein gilt, dass Populationen an der Kapazitätsgrenze die so genannte **K-Strategie** zur Optimierung der Fitness befolgen; sie werden auf hohe **Konkurrenzfähigkeit** und **maximale Ressourcen-Nutzung** zum Überleben selektiert, weshalb meist nur wenige Nachkommen produziert werden können; für deren Überleben ist aber besonders gut gesorgt (Tab. 1). Bei geringer Populationsdichte hingegen wird die **r-Strategie** verfolgt, die **höchste Wachstumsraten** und Investition in **besonders viele Nachkommen** kennzeichnet (Tab. 1). Zwischen beiden Strategien gibt es Übergangs- und Mischformen.

Merkmal	r-Strategie	K-Strategie
Lebensdauer	kurz	lang
Sterblichkeit	hoch	gering
Nachkommen pro Reproduktion	viele	wenige
Reproduktionsphasen	eine	viele
Zeitpunkt der ersten Reproduktion	früh	spät
Größe der Nachkommen/Eier	klein	groß
Fürsorge der Eltern	keine	sehr ausgeprägt

Tab. 1 Kennzeichen idealisierter r- und K-Strategien

Zusammenfassung

Zur **Sicherung** des **Lebenszeit-Fortpflanzungserfolgs (Fitness)** sind selektionsbedingt unterschiedliche **Strategien** etabliert. Meist liegt ihnen ein Kompromiss zwischen **Sicherung des Überlebens** und **Investition in den Nachwuchs** zugrunde. Man beobachtet unterschiedliche Anpassung von Zeitpunkt und Zahl der Reproduktionsphasen an die potenzielle Lebensdauer und die Bedingungen im Ökosystem (Strategie „Alles-auf-eine-Karte", „mäßig aber regelmäßig", Unvorhersehbarkeit) sowie Anpassungen an die Populationsdichte (**r-Strategie, K-Strategie**). Außerdem gibt es viele Übergangs- und Mischformen.

3 Die Entwicklung der menschlichen Bevölkerung

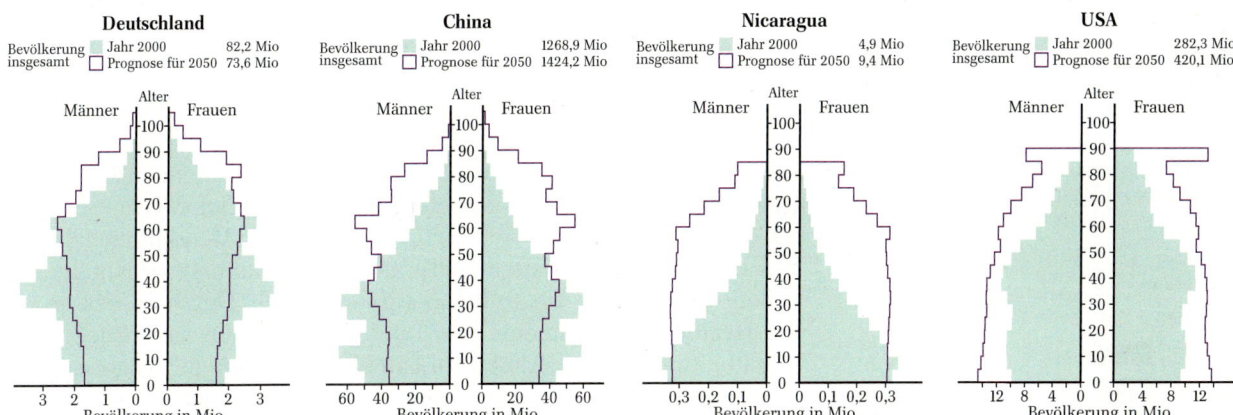

Abb. 1 Altersklassendiagramme einzelner Staaten

In geologisch extrem kurzer Zeit machte sich der Mensch von Naturgegebenheiten scheinbar unabhängig. Drei Etappen mit jeweils enormem **Bevölkerungszuwachs** lassen sich unterscheiden *(Abb. 3)*. Der erste Schub resultierte aus der Fähigkeit zur **Werkzeugherstellung**: die Weltbevölkerung stieg auf etwa 5 Millionen. Der zweite Wachstumsschub begann mit der **Landwirtschaft** und brachte ein Anwachsen auf 500 Millionen. Der dritte Schub schließlich setzte vor rund 200 Jahren mit dem Aufschwung von **Naturwissenschaften, Technik** und der **Industrialisierung** ein; er führte zu derzeit 6,7 Milliarden Menschen und wird wahrscheinlich erst in 50 Jahren bei einer Bevölkerung von knapp 10 Milliarden ausklingen.

Bis ins 19. Jahrhundert verdoppelte sich die Menschheit alle 1 000 bis 2 000 Jahre. Um 1830 war die erste Milliarde erreicht, die zweite Milliarde schon 100 Jahre später. Die Verdoppelung auf 4 Milliarden dauerte nur bis 1975, etwa 45 Jahre. Sich verkürzende Verdoppelungszeiten sind Ausdruck **überexponentiellen Wachstums**. Der Höhepunkt der globalen Wachstumsraten ist nun überschritten *(Abb. 2)*. Allerdings gibt es erhebliche regionale Unterschiede: Um 4 % und mehr nimmt die Bevölkerung pro Jahr noch in manchen Entwicklungsländern zu. In Industriestaaten gibt es kaum mehr Wachstum, die Bevölkerung stagniert oder geht – wie in Deutschland – zurück *(Abb. 1)*. Viele Regulationsmechanismen, die die Menschheit im Laufe ihrer Geschichte trafen, wirken aber bis heute.

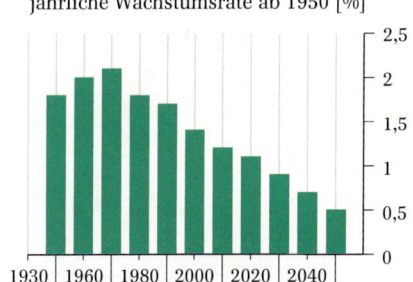

Abb. 2 Jährliche Wachstumsraten der Weltbevölkerung (ab 2010 geschätzt)

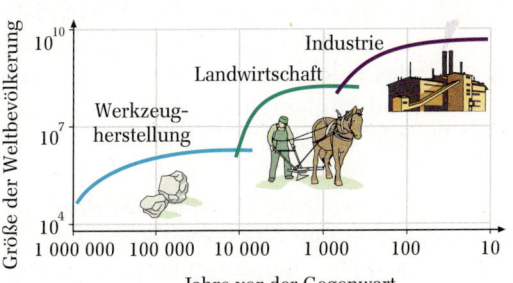

Abb. 3 Technische Revolutionen in der Menschheitsgeschichte (doppelt-logarithmische Darstellung)

A1 Erläutern Sie, wie sich eine Steigerung der Lebenserwartung von 30 auf 40 Jahre im Vergleich zu einer Steigerung von 60 auf 70 Jahre auf das Bevölkerungswachstum auswirkt.

A2 Selbst wenn die durchschnittliche Geburtenrate weltweit sofort von 3,3 auf 2,1 Kinder pro Frau fiele, stiege die Weltbevölkerung bis 2050 noch auf rund 10 Milliarden. Erläutern Sie die Ursachen.

A3 Erläutern Sie die unterschiedlichen Altersklassendiagramme *(Abb. 1)*.

Abb. 4 Schlamm- und Regenfluten im Südosten Taiwans nach dem Taifun „Morakot" im August 2009

Kontrollfaktoren der menschlichen Population

Naturkatastrophen, Stürmen, Vulkanausbrüchen, Überflutungen, Dürren usw., ist der Mensch seit jeher ausgesetzt *(Abb. 4)*. In Entwicklungsländern hängt das Überleben oft unmittelbar von günstigem Wetter ab. Unter- und Mangelernährung und damit geringe Widerstandskraft gegen Krankheiten sind dort fast normal. Nur unter hohem Einsatz von Fremdenergie und durch Nahrungsmitteltransporte rund um den Erdball lassen sich Katastrophen mildern.

Krankheitserreger und Parasiten kontrollieren schon immer auch die menschliche Population. Mitte des 14. Jahrhunderts fiel der Pest nahezu ein Viertel der europäischen Bevölkerung zum Opfer. Typhus, Malaria, Kinderlähmung und viele weitere Geißeln der Menschheit gab und gibt es. Erst in der zweiten Hälfte des 19. Jahrhunderts schnellte die Lebenserwartung in Deutschland empor *(Abb. 5)*. Durch Verbesserung der Hygiene, Medikamente und Impfungen wurden viele Infektionskrankheiten zurückgedrängt. Parasiten und Krankheitserreger drohen aber weiterhin; Resistenzen gegen Arzneimittel nehmen zu. Immer wieder treten neue Erreger auf. Vor allem breiten sich bisher schwer bekämpfbare Viruserkrankungen (AIDS, Grippe) Besorgnis erregend aus. Schon 1918/19 forderte die „Spanische Grippe" weitaus mehr Tote als der gerade überstandene Erste Weltkrieg. Der AIDS-Erreger entvölkert in Afrika Regionen *(Abb. 6)* und ist noch kaum unter Kontrolle.

Entsprechend sind auch unsere Nutztiere und -pflanzen bedroht. Immer wieder beobachtet man, dass Erreger von Tieren auf den Menschen überspringen, wie jüngst die Vogelgrippe, von der Zugvögel auch in Mitteleuropa jedes Jahr befallen sind, oder die „Schweinegrippe" *(Abb. 7)*. Durch Klimawandel und Ferntourismus werden Infektionskrankheiten, die wie Malaria in Mitteleuropa ausgerottet waren, wieder gefährlich; auch neue werden eingeschleppt.

Auch die menschliche Bevölkerung unterliegt wie jede andere bei der Nahrungsmittelversorgung **interspezifischer Konkurrenz**, wenngleich dies Bewohnern von Industriestaaten kaum bewusst wird. Ein erheblicher Teil von Ernte und Vorräten fällt Schädlingen zum Opfer – in Entwicklungsländern bis zu 50 %! Der Konkurrenzkampf wird sich nie ganz gewinnen lassen.

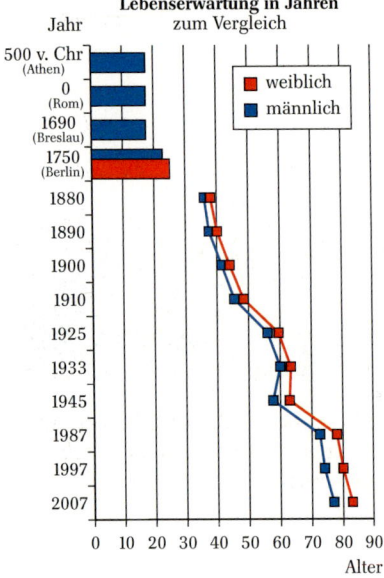

Abb. 5 Entwicklung der Lebenserwartung Neugeborener in Deutschland

Bei Ressourcenverknappung kommt **intraspezifische Regulation** seit jeher hinzu. Alle Naturvölker grenzten ein Stammesgebiet ab und verteidigten es. Seine Größe stand in enger Beziehung zur Tragfähigkeit des Lebensraums. Überbevölkerung und Hungersnöte wurden so seltener. Außerdem verhinderten häufig gesellschaftliche bzw. religiöse Tabus zu hohe Populationsdichten, z.B. lange Stillzeiten gekoppelt mit sexueller Enthaltsamkeit.

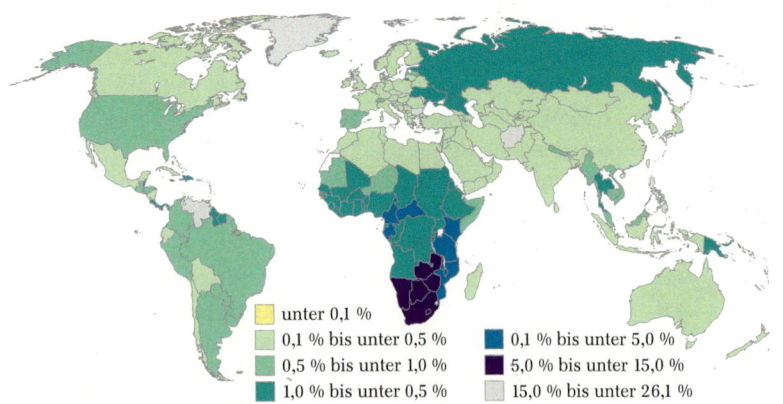

Abb. 6 HIV-Verbreitung (%) bei 15- bis 49-Jährigen 2008

Die Entwicklung in Europa

Bis weit ins 19. Jahrhundert war der überwiegende Teil der Bevölkerung ledig. In ländlichen Gegenden heirateten ausschließlich Hoferben; nur ihre Kinder waren gesellschaftlich anerkannt. Aber auch in Städten gab es Vorschriften: Beispielsweise musste noch um 1850 ein Arbeiter in der staatlichen Saline Bad Reichenhall bei Vorgesetzten die Erlaubnis zur Eheschließung einholen. Sie wurde nur gewährt, wenn er mit einem Alter von mindestens 40 Jahren unkündbar war. Die Zahl der Kinder blieb beschränkt, weil Arbeiter mit mehr als zwei Kindern auf Almosen angewiesen waren. Vor- und außereheliche Kinder hatten keinerlei Privilegien. Aufgrund geringer biologischer Kenntnisse konnten wirkungsvolle Maßnahmen zur Empfängnisverhütung jedoch kaum angewandt werden. Illegale Abtreibung und Tötung von Neugeborenen kamen immer wieder vor – Goethe führt sie im Faust I drastisch vor Augen.

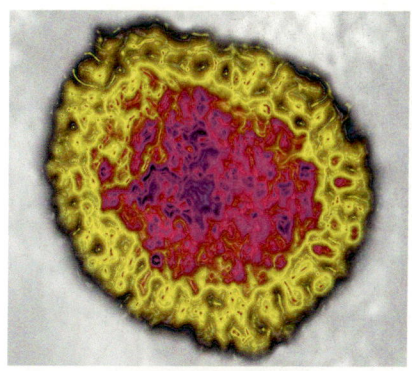

Abb. 7 Erreger der neuen sogenannten Schweinegrippe, die im Juni 2009 von der WHO als Pandemie ausgerufen wurde

Kriege dezimieren die Bevölkerung nach wie vor. Doch selbst der hohe Blutzoll des Zweiten Weltkriegs mit 50 Millionen Toten ist heute durch den Bevölkerungszuwachs in einem halben Jahr ausgeglichen. Auswanderung schaffte bis ins 20. Jahrhundert Entlastung; heute aber gibt es auf der Erde keine Freiräume mehr. Flüchtlingsbewegungen werfen in hochentwickelten Industriestaaten Schwierigkeiten auf; die Bedingungen, unter denen Menschen fliehen und nach Erreichen ihres Ziels leben, sind teilweise lebensgefährlich und hochproblematisch *(Abb. 8)*. In Ballungsräumen, vor allem in den Metropolen der Dritten Welt, erreicht die Bevölkerungsdichte ständig neue Rekorde. Sozialer Stress *(S. 8)* zeigt sich in der Zunahme von Herz-Kreislauf-Erkrankungen und Neurosen, aber auch in steigender Kriminalität. Lärm lässt die Menschen nicht mehr zur Ruhe kommen, Rückzugsmöglichkeiten fehlen.

Abb. 8 Um die 300 Bootsflüchtlinge auf einem kleinen Fischerboot im Mittelmeer vor Frankreich

Die Grenzen der Belastbarkeit unseres Lebensraums sind erreicht, teilweise bereits überschritten. Stoppt eine absolute Ressourcengrenze die Bevölkerungslawine? Können 10 Milliarden Menschen auf Erden angesichts der um sich greifenden Umweltzerstörung überleben – von menschenwürdiger Gestaltung des Lebens ganz zu schweigen?

„… Schlussfolgerung kann nur die heute noch utopisch erscheinende Forderung sein, die Bevölkerungszahl so bald wie möglich auf einen wesentlich niedrigeren Wert als den jetzigen zu reduzieren." (KLAUS HAHLBROCK in: Kann unsere Erde die Menschen noch ernähren?) Es gibt aber nur zwei Möglichkeiten der Bevölkerungskontrolle: Erhöhung der Sterberate oder Verhütung der Zeugung. Für *Homo sapiens* besteht, im Gegensatz zu Tieren, die Möglichkeit, menschenwürdig die Zahl seiner Nachkommen bewusst zu beschränken.

Zusammenfassung

Durch **überexponentielles Wachstum** nahm die **Menschheit** in den letzten drei Jahrhunderten von 500 Millionen auf **6,7 Milliarden** zu. Das Bevölkerungswachstum dürfte erst bei knapp 10 Milliarden zur Jahrhundertmitte enden und dabei die globalen **Ökosysteme** an den **Rand der Belastbarkeit** bringen, denn es gibt auf der Erde keine Freiräume mehr. Nach wie vor bedrohen Naturkatastrophen, Konkurrenz um Nahrung, vor allem aber **Krankheitserreger** unsere Population. Über **Geburtenkontrolle** lässt sich die Bevölkerungszunahme menschenwürdig begrenzen.

4 Biodiversität – Bedeutung und Bedrohung

Abb. 1 Apollofalter (o.; bis 8 cm); die lichtbedürftige Futterpflanze seiner Raupe, die Weiße Fetthenne (u.), ist nur auf felsigem Untergrund konkurrenzfähig.

Der Apollofalter *(Abb. 1 o.)* ist vom Aussterben bedroht. Nur an ganz wenigen Stellen der Mittelgebirge und über der alpinen Waldgrenze kommt er noch vor. Früher war er vielerorts häufig, z. B. auch auf den warmen Trockenmauern der Weinberge. Deren Verschwinden im Zuge von Weinbergs-Flurbereinigung hat der Futterpflanze seiner Raupe *(Abb. 1 u.)* den Lebensraum entzogen; hinzu kam großflächiger Pestizideinsatz. Nun ist der Apollo fast ausgerottet. Andererseits brüten in Bayern gegenwärtig 20 % mehr Vogelarten als vor 100 Jahren, die Hälfte von ihnen sogar mitten in der Großstadt München. Ist unsere Artenvielfalt bedroht?

4.1 Biodiversitätsverluste regional und global

Auskunft zum Artensterben geben „**Rote Listen**": Von den etwa 30 000–35 000 Tierarten in Bayern sind 16 000 näher untersucht; 51 % davon sind gefährdet *(Tab. 1)*. Mit 2 700 Arten dürften unsere Gefäßpflanzen nahezu vollständig erfasst sein, 53 % sind gefährdet. Am stärksten abgenommen haben Arten der Trocken- und Feuchtgebiete. Ameisen, Wildbienen und andere Insekten, dazu Reptilien, Amphibien, Muscheln und Krebse weisen höchste Gefährdungen auf. Bei den größeren und mobileren Vögeln und Säugern hingegen, die weniger von der Witterung und den Standortfaktoren abhängen, wirken eingeleitete Schutzmaßnahmen.

Auch global eskaliert das **Artensterben**! Nach der Roten Liste der Weltnaturschutzunion sind 2007 knapp 42 000 Tier- und Pflanzenarten gefährdet, davon 16 000 vom Aussterben bedroht – um 44 % mehr als 2002! Weltweit steht jede vierte bekannte Säuger-, jede achte Vogel- und jede fünfte Haiart vor dem Aussterben. Gleiches gilt für etwa ein Drittel der Reptilien- bzw. Amphibien- und rund 70 % der Pflanzenarten.

Arten weltweit systematisch zu erfassen und ihre Gefährdung plausibel zu beurteilen, bereitet allerdings erhebliche Probleme. Unsere Kenntnisse sind äußerst lückenhaft, Vergleiche mit Einzelregionen nur eingeschränkt möglich. Man schätzt, dass es zwischen 10 und 100 Millionen Tierarten gibt. Um 2 Millionen sind zwar beschrieben, aber keinesfalls in allen wesentlichen Details. Ähnliches gilt für die rund 300 000 Gefäßpflanzenarten. Über Artenzahlen von Pilzen, Einzellern, Bakterien usw. weiß man noch viel weniger Bescheid.

Der Verlust an **Biodiversität** ist dramatisch. Dieser Begriff umfasst nicht nur die **Vielfalt an Arten**, sondern auch die ihrer **Lebensräume** sowie die **genetische Vielfalt** innerhalb der Arten. Spätestens seit dem Umweltgipfel der Vereinten Nationen in Rio de Janeiro 1992 ist die weltweite Bedrohung der Biodiversität allgemein bekannt. Mit der **UN-Konvention über die biologische Vielfalt** (Convention on Biological Diversity, **CBD**) wurde ein globales Programm zum Erhalt der Biodiversität vorgegeben. Es soll Schutz und Nutzung mit gerechtem Ausgleich für die dritte Welt verknüpfen. Eine Reihe von Folgekonferenzen (z. B. Johannisburg 2002, Bonn 2008) konnte den Artenschwund bisher jedoch nur geringfügig und regional abschwächen.

Artengruppe	Artenzahl (bewertet)	davon gefährdet [%]
Säuger	70	49
Vögel	209	47
Reptilien	10	70
Amphibien	10	63
Fische	72	58
Tagfalter	172	60
Laufkäfer	474	51
Ameisen	87	68
Schwebfliegen	388	34
Spinnen	842	50
Krebse	41	63
Landasseln	42	19
Tausendfüßer	136	23
Weichtiere	337	60

Tab. 1 Tierarten der Roten Liste in Bayern 2003 (ausgewählte Großgruppen)

A1 Erläutern Sie Herausforderungen, die mit der Erfassung des weltweiten Bestands an Tier- und Pflanzenarten und der Beurteilung seiner Gefährdung verbunden sind.

4.2 Anthropogene Einflüsse auf die Artenvielfalt

Der Mensch vermag als Generalist „Beute" und Konkurrenten ohne sofortige Rückwirkung auf das eigene Überleben auszurotten; meist merkt er es überhaupt nicht. Betroffen sind fast alle Lebewesen außer den wenigen, die ihm unmittelbar nutzen. Als entscheidende Ursachen für den anthropogen bedingten **Artenschwund** gelten regional wie global die Vernichtung natürlicher und naturnaher Lebensräume verbunden meist mit intensiver Landnutzung in **Monokultur**, die Belastung von Flora und Fauna durch **Schadstoffe**, **Raubbau** und **Wilderei** in naturnahen Ökosystemen, insbesondere Wald und Meer, und schließlich das Einschleppen von **Fremdarten**. Betrachten wir ausgewählte Beispiele.

Abb. 1 Fichten-Monokultur

4.2.1 Vernichtung naturnaher Lebensräume, Intensivnutzung in Monokultur

Schon die Umwandlung eines naturnahen Buchenwalds (Abb. 3, S. 8) in einen Fichtenforst (Abb. 1) wirkt sich erheblich auf das Artenspektrum aus (Tab. 1). Hauptgrund für den Artenrückgang in Mitteleuropa ist aber die Beseitigung von besonderen Standorten und Übergangssäumen zwischen verschiedenen Landnutzungsformen; hinzu kommen Entwässerungsmaßnahmen. Hauptverursacher ist die **Intensivlandwirtschaft**: Magerwiesen wurden aufgedüngt, Feucht- und Streuwiesen zusätzlich trockengelegt (Abb. 3, S. 20). Feld- und Wegraine, Trockenmauern, Hecken und Gebüsche verschwinden und mit ihnen der Lebensraum vieler Arten. Maschinengerechte **Monokulturen** (Abb. 2) dominieren in der Landschaft; Massentierhaltung im Stall und Spezialisierung, d.h. Anbau von nur 1–4 Feldfrüchten, kennzeichnet die Betriebe.

Im Weltmaßstab ist die Landwirtschaft in Bayern immer noch kleinteilig strukturiert; Schlupfwinkel für bedrohte Arten sollten bleiben. Trotzdem führten Intensivierung der Landnutzung und Monotonisierung der Landschaft zu drastischen Bestandeseinbrüchen und regionalem Verschwinden selbst von Allerweltsarten wie Feldlerche, Blindschleiche, Grasfrosch usw. Geradezu paradox mutet an, dass unsere Städte, zumal die Großstädte, heute als **Inseln der Artenvielfalt** (Tab. 2) die flächenmäßig meist viel zu kleinen isolierten Schutzgebiete (S. 29) ergänzen.

Pflanzenart	naturnaher Buchenmischwald	Fichtenforst
Rotbuche	5	–
Esche	2	–
Bergahorn	2	–
Stieleiche	1	–
Ulme	1	–
Birke	1	–
Fichte	–	5
Kiefer	–	1
Heckenkirsche	2	–
Weißdorn	–	1
andere Laubsträucher	–	2
Buschwindröschen	3	–
Waldmeister	4	1
Goldnessel	3	2
Bingelkraut	4	1
Waldsegge	2	2
Wurmfarn	1	2
Knaulgras	1	1
Fiederzwenke	–	1
Säurezeiger	–	2
Bodenmoose	–	3

Tab. 1 Häufigkeit des Auftretens verschiedener Pflanzen bei unterschiedlicher Forstwirtschaft: 5 = sehr häufig, 4 = häufig, 3 = mittel häufig, 2 = zerstreut, 1 = selten)

Stadt	Vogelarten
Simbach/Inn	60
Dachau	83
Regensburg	100
Nürnberg	113
München	116
Berlin	135

Region	Arten/km²	Biomasse (rel. Einheiten)
Tropischer Regenwald	140–220	1–2
Wälder/Mitteleuropa	40–50	7–9
Großstädte (weltweit)	50–80	10–25

Tab. 2 Großstädte als Inseln der Biodiversität (oben); Artenreichtum und Biomasse von Brutvögeln (unten)

Abb. 2 Maismonokultur

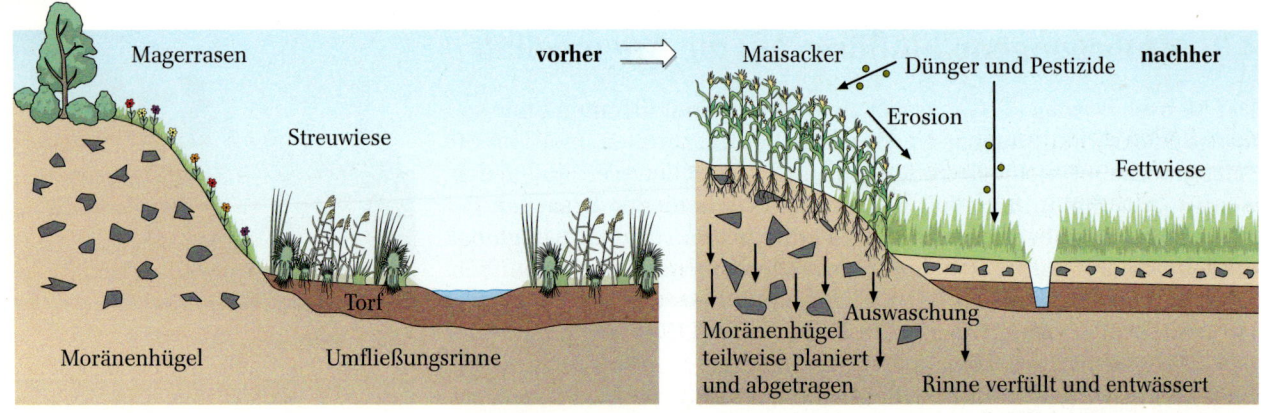

A2 Erklären Sie den dramatischen Bestandsrückgang von Feldlerche, Grasfrosch und anderen „Allerweltsarten", sowie die Folgen im Ökosystem.

A3 Erklären Sie, weshalb die Zahl der Brutvogelarten mit der Größe des Stadtgebiets zunimmt.

A4 Informieren Sie sich via Internet über die Artenfülle im Tropischen Regenwald und ihre Gründe (vgl. *Tab. 2, S. 19*).

A5 Neben der Artenvielfalt in der freien Flur geht auch die Agrobiodiversität, d. h. die Vielfalt der Nutzpflanzen und Nutztiere erheblich zurück. Erläutern Sie Gründe, Gefahren und Gegenmaßnahmen.

	vorher		nachher	
	Magerrasen	Streuwiese	Maisacker	Fettwiese
Zahl der Pflanzenfamilien	44	36	5	14
Zahl der Arten mit wichtigen Wirkstoffen	43	9	0	8
Parasitische Arten	18	10	0	4
Arten mit Bienenbestäubung	42	8	1	8
Arten mit Bestäubung durch Hummeln	30	5	0	3
Arten mit Bestäubung durch Tagfalter	14	3	0	3
Arten mit Bestäubung durch Nachtfalter	7	0	0	0
Arten mit Selbstbestäubung	26	8	5	7
Arten mit Verbreitung durch Tiere	10	1	0	1

Im Magerrasen bzw. der Streuwiese können die verschiedensten Tiere wie Reh, Fuchs, Dachs, Feldhase, Steinmarder, Maulwurf, Feldmaus, Weißstorch, Mäusebussard, Habicht, Waldohreule, Ringeltaube, Kiebitz, Feldlerche, Grasfrosch, Erdkröte, Zauneidechse, Blindschleiche, Kreuzotter, Bachforelle, Prachtlibelle, Gelbrandkäfer, Maikäfer, Trauermantel, Kleiner Fuchs, Admiral, Tagpfauenauge oder Flusskrebse beobachtet werden. Nach landwirtschaftlicher Intensivnutzung tauchen nur noch Feldmaus und Maulwurf auf.

Abb. 3 Wirkung landwirtschaftlicher Intensivnutzung – Mais-Monokultur bzw. intensiv genutzte Fettwiese (5- bis 10-fache Mahd) – auf Flora und Fauna im Alpenvorland

Abb. 4 Regenwaldvernichtung in Brasilien – Brasilien rodete 1990–1995 mit 125 000 km² mehr Wald, als es in Deutschland gibt.

Waldvernichtung durch Rodung und Abbrennen

Brandrodung ist ein globales Problem *(Abb. 4)*. Bei den frühen Rodungen in Europa und später in Nordamerika waren im Vergleich wenig artenreiche Wälder betroffen. Die **Feuchtwälder** der Tropen und Subtropen bedecken von Natur aus nur ca. 10 % der Landoberfläche, beherbergen aber **90–95 % aller Arten**. Gerade dort werden seit den 1970er Jahren pro Jahr 3–5 Millionen Hektar Wald und mit ihm tausende Arten unwiederbringlich vernichtet. Jährlich brennt in den Tropen und Subtropen eine Fläche der Größe Australiens zur Gewinnung von Weideland und zum Futtermittelanbau. Denn die Erde hat zur Zeit rund 1,5 Milliarden Rinder, je 1 Milliarde Schweine und Schafe und Millionen weiterer Nutztiere zu ernähren; sie liefern insbesondere Fleisch, übertreffen zusammen die Masse aller 6,7 Milliarden Menschen etwa um das Zehnfache und **„fressen die globale Artenvielfalt"** (Josef H. Reichholf).

4.2.2 Schadstoffeintrag am Beispiel Überdüngung mit Stickstoff

Kein Boden speichert so viele Nährionen, dass Ernteentzug ohne Ertragseinbuße möglich wäre, Düngung ist zur Sicherung unserer Ernährung unerlässlich. Stickstoff ist der wichtigste mineralische Nährstoff. Die Krankheitsanfälligkeit der Bevölkerung in Entwicklungsländern beruht häufig auf Protein-, d. h. Stickstoffmangel. Anders als Phosphor- und Kali-Dünger wird mineralischer Stickstoffdünger nach wie vor in sehr hohen Mengen ausgebracht *(Abb. 5)*. Im Ökosystem unterliegen Stickstoffverbindungen vielfältigen Umsetzungen *(Abb. 7)*.

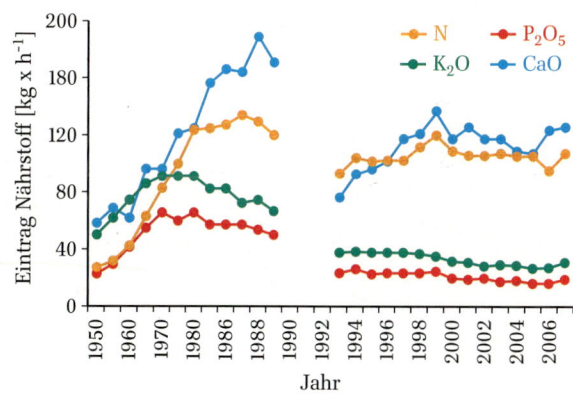

Abb. 5 Entwicklung des Mineraldüngereinsatzes in Deutschland 1950 bis 2008; Angabe in kg Nährelement pro ha landwirtschaftlicher Nutzfläche

Im Durchschnitt errechnet sich für ein Agrarökosystem in Deutschland ein **Stickstoffüberschuss** von fast 50 % *(Abb. 6)*. Hiervon können örtliche Werte abweichen, in Gebieten mit Intensivnutzung ergeben sich jedoch wesentlich höhere Überschüsse! Die Folgen (s. u.) können gravierend sein.

Stickstoffein- bzw. -austrag ist auch mit **Massentierhaltung** verknüpft. Da das selbsterzeugte Futter bei weitem nicht für die Ernährung des Nutzviehs reicht, werden große Mengen Futtermittel importiert. Hohe Anteile des Stickstoffs im Futter gelangen auf diversen Wegen in unsere Umwelt *(Abb. 8)*.

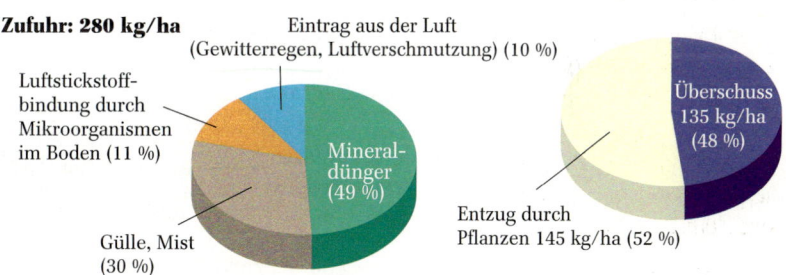

Abb. 6 Stickstoffbilanz für 1 ha durchschnittlicher Nutzfläche in Deutschland

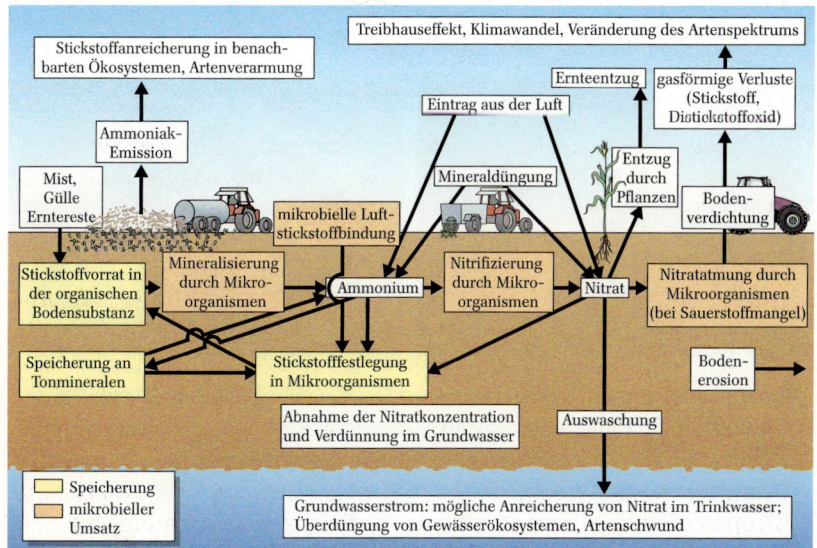

Abb. 7 Stickstoff im Agrarökosystem: Die meisten Pflanzen können Luftstickstoff nicht nutzen. Stickstoff aus Mineraldünger und Einträge aus der Atmosphäre sind sofort pflanzenverfügbar (lösliche Ammonium- bzw. Nitrat-Salze). Überschüssiges Nitrat wird mit dem Sickerwasser ins Grundwasser gewaschen.

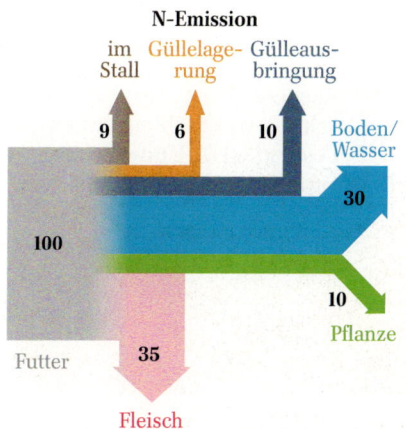

Abb. 8 Stickstoffflüsse in einem Schweinemastbetrieb; im Futter zugeführter Stickstoff als 100 % gesetzt

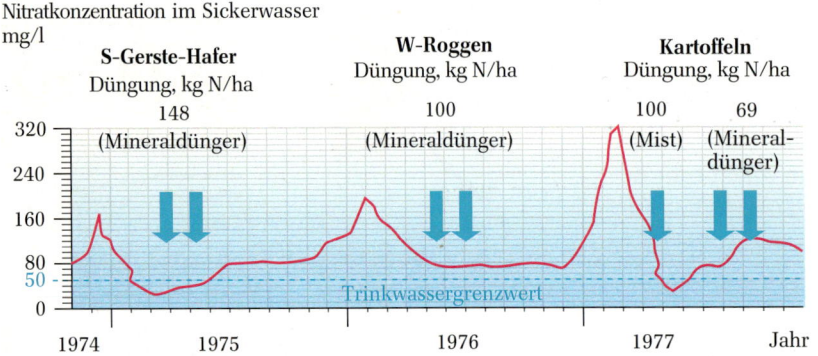

Abb. 9 Nitratkonzentrationen im Sickerwasser eines sandigen Lehmbodens. Pfeile kennzeichnen den Zeitpunkt der Düngung.

Im Stall, bei Lagerung und Ausbringung von **Gülle** kann es zu erheblichen Stickstoffemissionen kommen. Häufig reicht die Nutzfläche des Betriebs nicht für die ordnungsgemäße Entsorgung der anfallenden Gülle. Der Boden vermag den zugeführten Stickstoff nicht zu speichern. Vorsorglich wurde in der Europäischen Union ein Trinkwassergrenzwert von 50 mg/l für Nitrat festgelegt. Im Sickerwasser genutzter Böden wird dieser häufig weit überschritten *(Abb. 9)*. Oft ist es nur eine Frage der Zeit, bis im Trinkwasser Nitrat sprunghaft ansteigt.

Aus überdüngten landwirtschaftlichen Nutzflächen gelangen somit erhebliche Stickstoffmengen in benachbarte Gewässer- und Land-Ökosysteme; wertvoller Dünger wird vergeudet. Zugleich erstickt Stickstoff die Artenvielfalt (REICHHOLF); Überdüngung ist heute der Hauptgrund für die Artenverluste in Mitteleuropa. Auf Wiesen sind nur sehr wenige Arten von Gräsern bei überhöhtem Stickstoffangebot konkurrenzfähig, sie produzieren die gewünschten hohen Biomassen. Zusätzlich führt Herbizideinsatz zu weiterer Reduktion von Konkurrenzarten. Selbst „Allerweltspflanzen" sind aus überdüngten Feld- und Wiesenfluren verbannt und damit selten geworden *(Abb. 10)*, nach einer Faustregel verschwinden mit jeder Pflanzenart etwa 10 bis 100 Tierarten. Eine reich gegliederte Landschaft mit ungedüngten Lebensräumen ist für das Überleben vieler Arten unersetzbar. Der Ferntransport durch die Luft führt jedoch auch zur Aufdüngung entlegener Lebensräume; Hochmoore und Heideflächen, insbesondere aber die Wälder sind betroffen.

A6 Gülle darf nicht auf gefrorenen Boden ausgebracht werden. Daher wird sie hauptsächlich im zeitigen Frühjahr und im Spätherbst auf Feldern „entsorgt". Erläutern Sie die Folgen.

A7 Beschreiben Sie die Wirkung erhöhter Nitratgehalte im Trinkwasser sowie die von Stickstoffoxid-Emissionen auf den Menschen. Informieren Sie sich dazu z. B. über das Internet.

A8 Recherchieren Sie im Internet zur Wirkung von Problemstoffen (z. B. Pestizid DDT, Umweltchemikalien wie polycyklische Biphenyle (PCB) usw.) auf die Biodiversität.

Abb. 10 Löwenzahn (l.) toleriert meist die Überdüngung; Allerweltspflanzen wie der Taubenkropf-Leimkraut (r.), an dem 52 wirbellose Tierarten leben, sind verschwunden oder wurden auf ungedüngte Säume abgedrängt.

4.2.3 Weltweiter Tier- und Pflanzentransfer

Verfrachtung von Organismen

Mit steigenden Handelsströmen und der allgemeinen Mobilitätszunahme reisen Organismen heute weltweit passiv auf dem Landweg, per Schiff oder Flugzeug, verborgen in Verpackung, Nahrungsmitteln oder Reisegepäck (z. B. *Abb. 11*). Seltener werden sie aktiv importiert. Man schätzt, dass ca. 12 000 neue Pflanzenarten, etwa das Vierfache der einheimischen Arten, nach Mitteleuropa gelangt sind; 1 500 gebietsfremde Tierarten sind mittlerweile in Deutschland nachgewiesen. Die meisten Fremdarten sind ohne Hilfe des Menschen nicht konkurrenzfähig. Andere etablieren sich im neuen Lebensraum und bereichern seine Vielfalt. Wenige gebietsfremde Arten finden so günstige Bedingungen, dass sie sich massenhaft vermehren, **ökonomische** und **ökologische Schäden** anrichten, einheimische Arten abdrängen und durch Entzug von Lebensraum vernichten *(Abb. 12)*.

Die größten Artenverluste werden bisher außerhalb Europas festgestellt. Beispielsweise haben eingeschleppte Haustiere auf einer Reihe von Inseln in den Weltmeeren die gegenüber Festlandsarten oft wenig konkurrenzfähige Insel-Flora oder -Fauna völlig vernichtet. Auf Galapagos kann dies nur mit höchsten ideellen und finanziellen Anstrengungen verhindert werden. Außerordentlich bedroht – aber noch wenig untersucht – sind **aquatische Lebensräume**. So hat der für die Fischerei ausgesetzte Nilbarsch im Viktoriasee Dutzende einheimische Buntbarscharten vernichtet. Allein der internationale Schiffsverkehr transportiert im Ballastwasser täglich 3–4 Millionen gebietsfremde Arten in deutsche Küstengewässer. Im Nordseewatt gibt es mittlerweile völlig neuartige Lebensgemeinschaften.

Abb. 11 Geschädigte Blätter der Rosskastanie (o.) und die dafür verantwortliche Rosskastanien-Miniermotte (5 mm, u.). Sie tauchte zum ersten Mal 1984 in Mazedonien auf und verbreitete sich von dort in ganz Mitteleuropa.

Abb. 12 Beispiele eingewanderter Arten, die einheimische Flora und Fauna verdrängen: Kanadische Wasserpest (a), Amerikanischer Flusskrebs (b), Indisches Springkraut (c)

4.2.4 Klimawandel und Biodiversität

Indirekt fördert der Mensch die Veränderung des Artenspektrums auch durch den anthropogenen **Treibhauseffekt**. Allerdings ist die durchschnittliche **Temperaturerhöhung** kaum maßgeblich; entscheidend ist, ob sich die Temperaturextrema sowie die **Niederschläge** und ihre Verteilung ändern. In Mitteleuropa fördert der **Überdüngungseffekt** *(S. 21)* einseitig des Wachstum einzelner Pflanzen. In ihren dichten Beständen stellt sich kühleres und feuchteres Mikroklima ein, das u. U. den Treibhauseffekt überlagert. Bisher liegen nur wenige gesicherte Erkenntnisse zur Wirkung der Klimaerwärmung auf das Artenspektrum vor. In den Alpen sind in den letzten 40 Jahren die Höhengrenzen der Vegeta-

A9 Erklären Sie, weshalb auf Inseln einheimische Organismen gegenüber vom Festland eingeschleppten Arten oft wenig konkurrenzfähig sind.

A10 Erläutern Sie Voraussetzungen für eine Massenvermehrung gebietsfremder Arten.

A11 Das Indische Springkraut *(Abb. 12c)* kam ursprünglich als Zierpflanze nach Europa. Es nutzt Stickstoff sehr effizient, ist schnellwüchsig und wird 2–3 m hoch. Erläutern Sie, weshalb es heute großflächig Monokulturen an Gewässern bildet und heimische Arten verdrängt.

A12 Erstellen Sie begründete Hypothesen, wie Zugvögel auf Klimaerwärmung reagieren könnten.

A13 Führen Sie weitere Beispiele für die Einflussnahme des Menschen auf die Biodiversität an und erläutern Sie diese.

tion über 3 000 m um ca. 4 m pro Jahrzehnt gestiegen. Wärmere Winter bedingen, dass die Vegetation früher austreibt und blüht. Da sich damit auch das Bestandsmaximum pflanzenfressender Insekten verschiebt, haben spät zurückkehrende Langstrecken-Zugvögel, wie der Trauerschnäpper, Schwierigkeiten, ihren Nachwuchs mit ausreichend Nahrung zu versorgen. Manche Arten wie Kuckuck, Grauspecht oder Bekassine dehnen ihr Areal nach Norden aus. Doch nicht alle Tiere sind so mobil. Bestandseinbrüche bei Erdkröte und Kreuzotter werden mit dem Klimawandel in Zusammenhang gebracht: Wärmere Winter mit wesentlich höheren Temperaturschwankungen könnten die Sterblichkeit erhöhen. Andererseits weiten Arten mit Schwerpunkt im Mittelmeerraum, die bisher kaum bei uns beobachtet wurden, ihr Areal z. T. erheblich aus *(Abb. 14)*.

Weltweit dürfte die Klimaerwärmung *(Abb. 13)* mit ihren Folgen 20 bis 30 % aller bekannten Arten zum Aussterben bringen. Tiefgreifende Umstellungen zeichnen sich in den Polargebieten ab. Der Eisbär steht seit 2006 auf der Roten Liste! Vor allem in tropischen Regenwäldern und Korallenriffen aber befürchtet man besonders negative Wirkungen auf das Artenspektrum. Durch Arealausweitung von Stechmücken werden dort auch Krankheiten wie Malaria oder Dengue-Fieber in höhere Regionen und in die Gebirge vordringen.

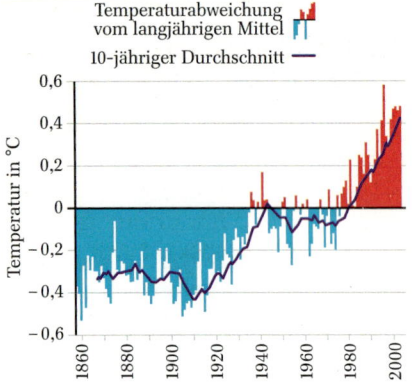

Abb. 13 Entwicklung der globalen Durchschnittstemperatur 1860 bis 2005

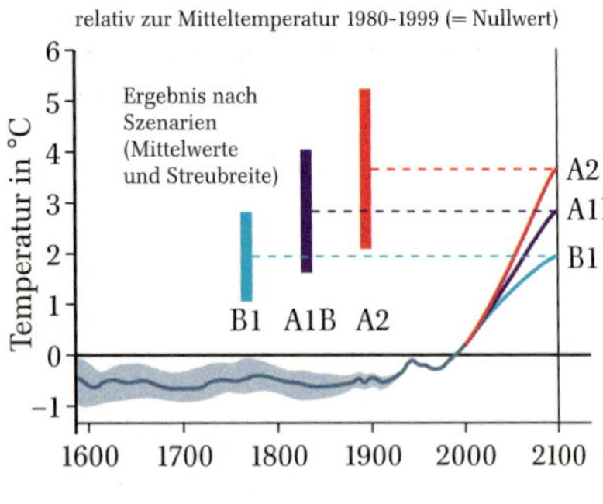

Abb. 14 Der tropisch bunte Bienenfresser (links) ist zunehmend Brutvogel in Bayern; die Wespenspinne (bis 30 mm, Verbreitungsschwerpunkt im Mittelmeerraum, rechts) war früher vereinzelt am Oberrhein zu finden und ist heute in ganz Bayern bis an die Alpen verbreitet.

Treibhauseffekt und Klimawandel

Manche Gase lassen kurzwellige Einstrahlung durch, absorbieren aber langwellige Rückstrahlung ins Weltall – wie Glas beim Treibhaus. So erwärmt sich die Erde gemäß dem Energieerhaltungssatz. Kohlenstoffdioxid und Wasserdampf sind natürliche Treibhausgase, ohne sie läge die Durchschnittstemperatur der Erde statt bei +15 °C bei −18 °C! Luftschadstoffe (z. B. Kohlenstoffdioxid aus Waldbränden, Wärmekraftwerken, Verkehr usw.; Methan aus Viehhaltung, Reisfeldern, Mülldeponien, Lecks in Erdgasleitungen usw.; Distickstoffoxid *(S. 21, Abb. 6)*) dürften durch zusätzlichen Treibhauseffekt die Durchschnittstemperatur um 1,5 bis 3 °C anheben. Dies wäre vergleichbar mit dem Übergang von der letzten Eiszeit zur jetzigen Warmzeit – allerdings dauerte dieser rund 5 000 Jahre! Der IPCC (**I**ntergovernmental **P**anel of **C**limate **C**hange) hat anhand von Computersimulationen künftige Temperaturentwicklungen unter bestimmten Bedingungen modellieren lassen. Eine Auswahl dieser Szenarien zeigt Abbildung 15.

Abb. 15 Globale Durchschnittstemperatur ab 1600 und verschiedene Prognosen zum Treibhauseffekt bis 2100 (Nullwert: Mitteltemperatur 1980–1999)

4.3 Ökonomische und ökologische Bedeutung der Biodiversität

Achtung vor dem Leben ist nicht nur ein christliches Gebot, sondern gilt in allen Weltreligionen; jedes Lebewesen ist **einmalig**. „Ethik [ist] die ins Grenzenlose erweiterte Verantwortung gegen alles, was lebt". Dieser Satz ALBERT SCHWEITZERS (Theologe und Arzt, 1875–1965; Friedensnobelpreis 1952) verbindet Ethik und Artenschutz untrennbar. Außerdem gibt es „gewichtige" ökonomische und ökologische Argumente für den Schutz der Biodiversität.

Nützlichkeit der Pflanzenvielfalt

Weniger als 1 % der bekannten Pflanzenarten wurde so gründlich studiert, dass man ihre Nützlichkeit grob einschätzen kann. Wenigstens 75 000 Pflanzenarten besitzen genießbare Teile. Der Mensch hat bisher zwar ca. 7 000 Pflanzenarten als **Nahrung** verwertet, aber über 75 % der Weltnahrung werden heute von nur 7 davon geliefert (über 50 % Weizen, Reis und Mais, 25 % Kartoffel, Gerste, Süßkartoffel und Maniok). Nach einer Faustregel muss man alle 10 Jahre neue Resistenzfaktoren in Getreidesorten einkreuzen, weil sie sonst zu anfällig gegen Krankheiten werden. Wildformen sind daher unentbehrlich *(s. Exkurs, S. 26)*! Der Artenschwund trifft aber gerade die für die biologische Schädlingsbekämpfung wichtigen und oft unbekannten Nützlinge besonders. Jede Art ist ein Speicher genetischer Information. Mit ihrer Ausrottung geht dieser Schatz für immer verloren.

Abb. 1 Trockenrasen auf der Fränkischen Alb

Weit über die Hälfte der verfügbaren Medikamente enthalten **Wirkstoffe aus Lebewesen**. Weidenrinde enthält z. B. Salicin, dessen synthetische Form Aspirin das heute weltweit am häufigsten eingesetzte Medikament darstellt. Einige von mehreren hundert Amphibien-Sekreten lassen sich als Schmerzmittel und zur Behandlung von Verbrennungen, Herzinfarkt oder lebensbedrohlichen Schockzuständen einsetzen. Die Indianer Amazoniens nutzen 1 300 Pflanzenarten zu Heilzwecken. Aus ihren Pfeilgiften wurden die Muskelerschlaffungsmittel Curare und Tubocuranin entwickelt, die aus der Medizin nicht mehr wegzudenken sind. In China kennt man 5 000 Heilpflanzen, 1 700 werden verwendet. Doch erst ca. 120 Substanzen aus nur 90 Pflanzen werden weltweit medizinisch genutzt. Nicht einmal 2 % der bekannten Arten sind auf Heilwirkungen untersucht.

Arten müssen auch wegen der möglichen Folgen geschützt werden, die ihr Verschwinden für **Lebensgemeinschaften, Ökosysteme** und die gesamte **Biosphäre** mit sich bringen könnte. Im Einzelnen werden sich diese Auswirkungen nie erforschen lassen. Es kommt aber tatsächlich auf jede Art an, wie eine Reihe von Untersuchungen belegen: In der Fränkischen Alb übersteht ein intakter Trockenrasen *(Abb. 1)* mit großer Artenvielfalt auch Dürrejahre ohne größere Schäden.

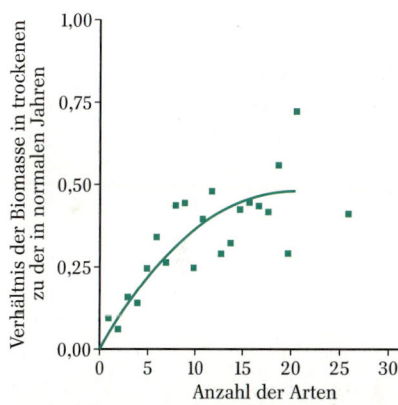

Abb. 2 Dürrebedingter Produktionsrückgang in einem Grasland-Ökosystem in Abhängigkeit von der Artenzahl

Schränkt Düngung das Artenspektrum ein, gehen die produzierte Biomasse und damit die Beweidungsmöglichkeit bei Dürre erheblich zurück. Mit zunehmender Artenzahl werden verfügbare Ressourcen, wie Licht, Wasser und Nährionen effektiver genutzt, Biomasseproduktion und damit die **Stabilität** im Ökosystem sind selbst unter Stress deutlich höher *(Abb. 2)*. **Artenschwund** kann zu erheblicher Umschichtung in den Stoffflüssen führen mit der Folge, dass Nährstoffe durch Aus-

A14 Beschreiben Sie die in Abbildung 2 dargestellten Versuchsergebnisse und erläutern Sie Konsequenzen für die landwirtschaftliche Nutzung.

Exkurs

Schlaglichter zum Artenschutz

Gerade hatte ein Pilz die Hälfte der Maisernte in den USA vernichtet, da entdeckt 1977 ein mexikanischer Botaniker in einem Nationalpark die verschollene Wildform des Kulturmais. Von diesem Fund beflügelt durchstreift er nahe gelegene Gebirge und stößt auf eine Maisart, die gegen 7 Krankheiten des ertragreichen, aber anfälligen Kulturmais resistent ist. Züchter übertragen die Resistenzen auf den Kulturmais; das tägliche Brot für Millionen Menschen der Dritten Welt ist vorerst gesichert.

In Schluchten nordwestlich von Sydney finden Botaniker 1994 die „Wollemi-Kiefer". Sie galt seit Jahrmillionen als ausgestorben. Zwei Baumpilze produzieren aus ihrer Rinde das natürliche Antikrebsmittel Taxol, das bisher nur aus zwei seltenen Eibenarten gewonnen wurde. Mittlerweile wird Taxol in der Medikamentenherstellung gentechnisch produziert.

Abb. 4 Allein die sehr häufige Ackerkratzdistel beherbergt 40 verschiedene Gliedertiere, die ihrerseits Nahrung für viele weitere Lebewesen darstellen und die Distel bestäuben.

A15 Je höher die Artenvielfalt auf einer Versuchsparzelle, desto geringer sind die Auswaschungsverluste von Nitrat und Phosphat. Erklären Sie diese Messergebnisse unter Berücksichtigung von Abbildung 3.

waschung verloren gehen und angrenzende Ökosysteme negativ beeinflussen. In artenarmen Wiesen übersteigt die Nitratkonzentration im Bodenwasser den Trinkwassergrenzwert um das 7fache. Das Verschwinden einer Art wirkt auf eine ganze Reihe anderer: Werden z. B. Disteln *(Abb. 4)* durch Pestizide vernichtet oder Weg- und Feldraine umgepflügt, geht jeweils eine ganze Lebensgemeinschaft zugrunde.

Abb. 3 Monokulturen nutzen verfügbares Wasser weniger gut als Mischkulturen

4.4 Biodiversität als Bioindikator

Das Artenspektrum kennzeichnet als Bioindikator den momentanen **Zustand jedes Ökosystems**. Durch Vergleich lassen sich Veränderungen in Ökosystemen nicht nur beschreiben, sondern kritische Entwicklungen auch frühzeitig erkennen, so dass Gegensteuerung möglich ist. Betrachten wir zwei Beispiele:

Gewässergütekarten *(Abb. 1)* zeigen, dass alle Flüsse Mitteleuropas momentan bestenfalls Güteklasse II einer vierteiligen Skala *(Abb. 2)* erreichen. Die Güteklassen I und I–II finden sich nur an siedlungsfreien Oberläufen in Gebirgsregionen. Insgesamt hat sich die Gewässergüte in den letzten Jahrzehnten deutlich gebessert. Das Artenspektrum der Gewässerorganismen informiert über den Zustand des Ökosystems schnell und zuverlässiger als manch aufwendige chemische Untersuchung.

Güteklasse IV und III–IV: Nach Abwassereinleitung werden organische Substanzen sofort durch Abwasserbakterien umgesetzt, die sich stark vermehren und den gesamten Sauerstoff verbrauchen. Neben ihnen überleben nur Rattenschwanzlarven. Flussabwärts kommt es immer wieder zu völligem Sauerstoffschwund und ausgedehnter Faulschlammablagerung. Der Gewässerboden wird dort durch Schlammwürmer dicht besiedelt, die Abwasserbakterien nehmen ab, Fische fehlen.

Güteklasse III: Der Sauerstoffgehalt ist niedrig. Abwasserbakterien und festsitzende Wimpertierchen übertreffen in ihrer Masse Algen und höhere Pflanzen. Wenige, gegen Sauerstoffmangel unempfindlichere Tiere (z. B. Schlammwurm, Rollegel) kommen vor. Fischsterben sind häufig.

Güteklasse II–III: Der Fluss ist mit organischen Stoffen aus Abwasser kritisch belastet; ihre Mineralisation zehrt am Sauerstoffgehalt, Fischsterben sind möglich. Wasserasseln und Spitzschlammschnecken sind kennzeichnend, Abwasserbakterien aber kaum nachzuweisen; Algen bilden größere Bestände.

Güteklasse II: Die Sauerstoffversorgung ist gut. Artenvielfalt und Individuendichte sind sehr groß, ebenso der Fischertrag, denn viele Lebewesen profitieren von den Nährionen der Abwassereinleitung. Zu Strudelwurm und Mützenschnecke kommen im günstigen Fall Köcher- und Eintagsfliegenlarven.

Güteklasse I und I–II: Das Wasser eines unbelasteten Flusses ist sauerstoffreich, nährstoffarm und vorwiegend mit Algen, Moosen, Strudelwürmern und Insektenlarven besiedelt. Die Artenvielfalt ist groß, Edelfische laichen. Geringe Nährstoffzufuhr bedingt kaum einen Rückgang des Sauerstoffs.

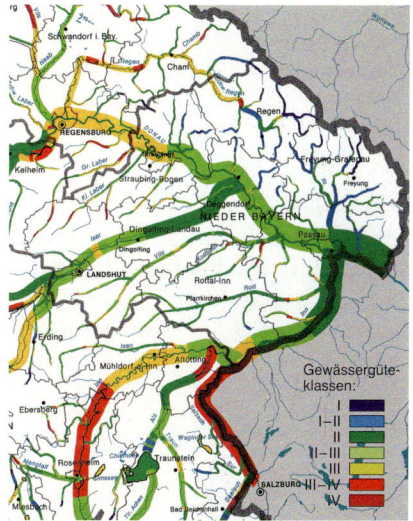

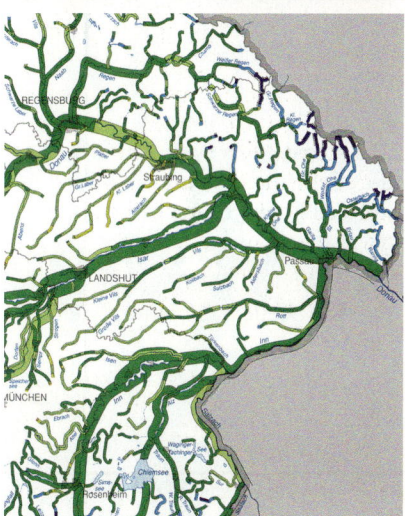

Abb. 1 Gewässergüte in SO-Bayern 1973 (o.) und 1999 (u.; Gütekriterien vgl. *Abb. 6*), seit 1999 kaum Veränderungen

Gewässergüteklasse	IV	III – IV	III	II – III	II	I – II	I
Verschmutzung	übermäßig		stark		mäßig		fehlend
BSB_5 mg/l	> 15	20 – 10	13 – 7	10 – 5	6 – 2	2 – 1	1
Ammonium mg/l	> 1	> 1	um 1	< 1	< 0,3	um 0,1	um 0
Sauerstoff mg/l	< 2	< 2	> 2	> 4	> 6	> 8	> 8

Leitorganismen:
1 Rattenschwanzlarve
2 Schlammwurm
3 Rollegel
4 Wasserassel
5 Spitzschlammschnecke
6 Strudelwurm
7 Mützenschnecke
8 Köcherfliegenlarve
9 Eintagsfliegenlarve
10 Wasserkäfer
11 Steinfliegenlarve
12 Lidmückenlarve

Abb. 2 Güteklassen von Fließgewässern nach chemischen Parametern und Leitorganismen (Auswahl). Der biologische Sauerstoffbedarf (BSB_5) steigt mit der Höhe der Verschmutzung.

A 16 Erklären Sie, weshalb größere Flüsse in Mitteleuropa bestenfalls die Gewässergüteklasse II erreichen.

Pflanzen als Bioindikatoren

Zeigerpflanzen kennzeichnen in Landökosystemen Standortfaktoren wie Lichtverhältnisse, Wasserversorgung *(Abb. 3)* oder Nährsalzangebot (z. B. Kalkgehalt, Stickstoffverfügbarkeit). Viele mitteleuropäische Pflanzen mit engem Toleranzbereich sind bezüglich ihrer Bioindikator-Funktion klassifiziert. Da Einzelpflanzen aber oft große Verbreitungslücken aufweisen (nicht zuletzt infolge anthropogenen Einwirkens), ist zur Charakterisierung des Standorts vorzugsweise eine Gruppe von Zeigerarten oder die gesamte Pflanzengesellschaft heranzuziehen.

Etwa 200 Blütenpflanzen in Mitteleuropa gelten als **Stickstoffzeiger** *(Tab. 1)*. Bedingt durch Überdüngung und die Emissionen von Stickoxiden finden wir sie heute an vielen Stellen, die ihrer natürlichen Verbreitung nicht entsprechen.

Pflanze (Stickstoffzahl)	Beispiele für Vorkommen
Große Brennnessel (8), Brombeere (6)	Weg, Wald- oder Gebüschrand
Großes und Kleines Springkraut (6)	feuchte Waldlichtungen
Löwenzahn (8), Wiesenbärenklau (9)	intensiv genutztes Grünland, Rasen
Ackerkratzdistel (7), Schwarzer und Roter Hollunder (9)	Feld-, Weg- oder Waldrand

Tab. 1 Beispiele mitteleuropäischer Stickstoffzeiger; die Stickstoffzahl kennzeichnet nach einer 10-stufigen Skala den Stickstoffbedarf bzw. die Toleranz

A17 Erläutern Sie, warum Zeigerpflanzen einen engen Toleranzbereich haben müssen.

A18 Erklären Sie die hohen bzw. überhöhten Stickstoffgehalte an den in Tabelle 1 erwähnten Standorten.

Abb. 3 Sauerklee (links) ist nur im tiefen Schatten konkurrenzfähig; die Sumpfdotterblume (rechts) zeigt Grundwasser in weniger als 10 cm Tiefe an.

Zusammenfassung

Regional wie global zeigen Rote Listen dramatische Verluste an Biodiversität. Mit der **UN-Konvention über die biologische Vielfalt** wurde ein globales Schutzprogramm vorgegeben. Als entscheidende **Ursachen** für den **Artenschwund** gelten u. a. die **Vernichtung naturnaher Lebensräume** verbunden mit intensiver Landnutzung in **Monokultur**, die Belastung von Flora und Fauna durch **Schadstoffe** (z. B. auch die Überdüngung mit Stickstoff) und das Einschleppen von **Fremdarten**. Der anthropogene **Treibhauseffekt** könnte die Artenverluste erheblich beschleunigen.

Jedes Lebewesen ist einmalig. Neben ethischen gibt es gewichtige ökonomisch-ökologische Argumente für den Artenschutz, z. B. Sicherung der Ernährung, Sicherung der Basis für Arzneimittel, Sicherung der genetischen Reserven, Optimierung der Nutzung von Wasser und Nährstoffen in Ökosystemen. Daneben kennzeichnen Zeigerarten und das Artenspektrum als **Bioindikatoren** den Zustand der Ökosysteme.

Plus 5 Natur- und Artenschutz – vor dem Menschen, für den Menschen!

Freier Handel und Kapitalverkehr galten und gelten (?) als Allheilmittel für wirtschaftliche Krisen. Das Kapital wandert dorthin, wo Profite winken. So besteht die Gefahr, dass den Wettkampf um Marktvorteile immer diejenigen gewinnen, die die Natur und die Schätze unserer Erde möglichst schnell, raffiniert und rücksichtslos ausplündern. Zum anderen sind auf der Erde bald ein Drittel mehr Menschen zu ernähren, unterzubringen, zu erziehen, auszubilden, zu beschäftigen und im Alter zu betreuen. Nach einem Bericht der Vereinten Nationen sind derzeit aber schon weit über die Hälfte aller Ökosysteme der Erde geschädigt oder von Übernutzung betroffen. Wir brauchen Perspektiven zur Lösung unserer **sozialen, ökonomischen** und **ökologischen Probleme**!

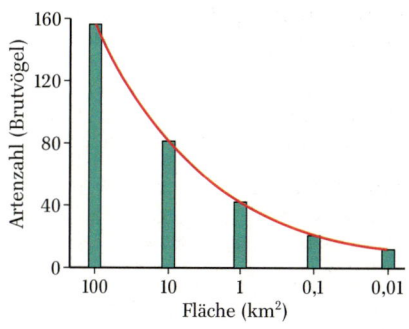

Abb. 1 Rückgang der Artenzahlen von Brutvögeln bei Verkleinerung der geschützten Fläche

5.1 Biotopverbünde für Biodiversität, internationale Abkommen und Umweltmanagement

Nachhaltig lässt sich weltweiter Schutz der Biodiversität nur mit **internationalen Abkommen** erreichen *(CBD, S. 18)*. Schon für 2010 wäre ein globales Netz aus **Schutzgebieten** anvisiert, um den Biodiversitätsverlust zu stoppen. Der Schwerpunkt sollte auf dem Schutz tropischer Wälder liegen. Allerdings bleiben Finanzierung und Umsetzungsmechanismen bisher ebenso unklar wie die Qualitätsansprüche an die Schutzgebiete.

A1 Interpretieren Sie Abbildung 1 und erläutern Sie Konsequenzen für Tiere unterschiedlicher Größe und Mobilität.

In Europa kommt die Umsetzung der CBD etwas besser voran. Die **Flora-Fauna-Habitat-Richtlinie** der Europäischen Union von 1992 strebt 20 % der Landfläche als Netz von Schutzgebieten an. Nach Urteilen des Europäischen Gerichtshofs hat Deutschland diese Richtlinie in der Naturschutzgesetzgebung verankert und zur Zeit etwa 10 % seiner Landfläche als **FFH-Gebiete** gemeldet. Davon entfallen die Hälfte auf Wälder, 20 % auf Acker- und 20 % auf Grünland – also ca. 90 % auf Nutzflächen! Mit fast 5 000 FFH-Gebieten hat Deutschland in Europa zwar die größte Zahl ausgewiesen, doch sind zwei Drittel kleiner als die zu fordernde Mindestgröße von etwa 5 km². Damit ist der Schutzzweck eingeschränkt, zu kleine Flächen können das gebietstypische Artenspektrum nicht erhalten *(Abb. 1)*. Alle Lebewesen brauchen zum Überleben **ausreichend Lebensraum**.

Abb. 2 674 gemeldete FFH-Gebiete umfassen 2008 in Bayern knapp 10 % der Landfläche.

Zum Erreichen der Schutzziele ist das **Umweltmanagement** in FFH-Gebieten *(Abb. 2)* verbindlich zu planen, Bewirtschaftungsauflagen sind zu erlassen und finanzielle Mittel bereitzustellen, auch für Entschädigungen der Land- und Forstwirte. Nur nach Verträglichkeitsprüfung dürfen Eingriffe vorgenommen werden, Ausgleichsmaßnahmen sind dann zwingend. Grundsätzlich gilt ein Verschlechterungsverbot. Im Einzelfall folgen daraus erhebliche **Zielkonflikte** zwischen **Natur-Nützern** und **Natur-Schützern**.

A2 Das Schutzgebietsnetz der FFH-Gebiete *(Abb. 2)* ist in Bayern nicht gleichmäßig verteilt. Erläutern Sie mögliche Ursachen und Zielkonflikte.

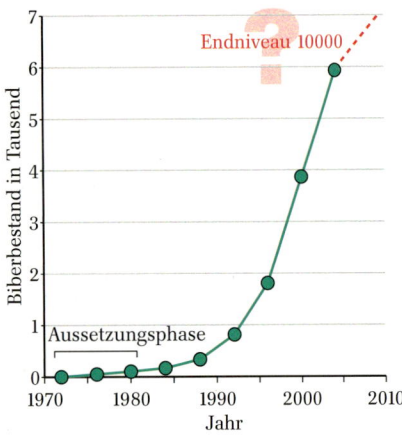

Abb. 3 Bestandesentwicklung des Bibers in Bayern nach der Wiedereinbürgerung um 1970

Neben den FFH-Gebieten brauchen wir ein **vielfältiges Biotop-Angebot** in Dörfern und Städten sowie in Agrar- und Forstgebieten (Hecken, Gebüsche, naturnahe Gewässergestaltung, breite Übergangssäume zwischen einzelnen Nutzungsarten usw.). Aber auch überörtlich ist Umweltmanagement in Regional- und Landesplanung gefordert, soll Artenschutz kein Lippenbekenntnis bleiben. Dazu dienen z. B. ausgewiesene Wildkorridore zwischen einzelnen Schutzgebieten mit Querungshilfen an Fernstraßen *(Abb. 4)*. Entscheidend ist aber nicht die Planung, sondern ihre Umsetzung! Die Wiedereinbürgerung des größten Nagetiers der Nordhemisphäre, des Bibers *(Abb. 3)*, ist ein Musterbeispiel für ein gelungenes Artenschutzprojekt.

A3 Beurteilen Sie das Wachstum der Biberpopulation *(Abb. 3)* und erkundigen Sie sich via Internet über die Wiedereinbürgerung und die damit verbundenen Herausforderungen.

Abb. 4 Grünbrücken (l.) werden von Wildtieren nur bei naturnaher Gestaltung und beiderseits ausreichender Deckung angenommen; große Talbrücken in wenig besiedelten Räumen (r.) bieten Querungsmöglichkeiten.

Exkurs

Das FFH-Gebiet „Oberes Surtal und Höglwörth"

Abb. 5 Beispiel für Umweltmanagement-Planung im FFH-Gebiet „Oberes Surtal und Höglwörth" (im SO-bayerischen Alpenvorland; 878 ha, kein Anschluss an andere Schutzgebiete)

Lebensraumtypen: Seen und Fließgewässer, typische Vegetation des Alpenvorlands; Pfeifengraswiesen; feuchte Hochstaudenfluren; magere Flachland-Mähwiesen; Sümpfe und Niedermoore; Kalktuffquellen; Waldmeister-Buchenwälder; Auenwälder mit Schwarzerle und Esche
Geschützte Arten: Gelbbauchunke; Helm-Azurjungfer; Skabiosen-Scheckenfalter; Dunkler und Heller Wiesenknopf-Ameisenbläuling; Glanzstendel

Erhaltungsziele: Erhaltung/Wiederherstellung (1) naturnaher Abschnitte der Täler, störungsarmer Fließgewässer, auetypischer Lebensräume, Quellen, Niedermoore, Hangwälder mit intaktem Wasser- und Nährstoffhaushalt; (2) von Qualität und Dynamik der Bäche und Flüsse, unverbauter Abschnitte mit reich strukturiertem Gewässerbett ohne Befestigung, Stauwerke und Ausleitungen; (3) natürlicher Seen mit typischer Vegetation, unverbauter Ufer und Verlandungsbereiche; (4) naturnaher Wälder (z. B. Au-, Sumpf- und Quellwälder) mit ausreichend Alt- und Totholz und Höhlenbäumen; (5) der Quellen, Niedermoore und Sümpfe ohne Nährstoffeinträge aus landwirtschaftlicher Nutzung; (6) der Pfeifengraswiesen, feuchten Hochstaudenfluren und mageren Flachland-Mähwiesen sowie (7) der Populationen geschützter Arten und ihrer Habitate.

A4 Beschreiben Sie Zielkonflikte zwischen Nutzung und Schutz in FFH-Gebieten Ihres Heimatraumes! Erkundigen Sie sich dazu via Internet über jeweilige konkrete Planungen zum Umweltmanagement.

5.2 Globale Leitziele für nachhaltig-zukunftsverträgliche Entwicklung

Um drohende Umweltkatastrophen und sozialen Krisen zu überwinden, müssen neue Maßstäbe an Wirtschaft, Technologie und Entwicklung angelegt und ein globales Bewusstsein der Verantwortung für Mitmensch und Mitwelt geschaffen werden. Umweltpolitische Probleme dürfen also nicht getrennt von wirtschaftlichen und sozialen betrachtet werden. Künftige Generationen sollen die gleichen Lebenschancen haben wie die jetzige. Jede Generation hat daher die Erde treuhänderisch zu nutzen und der nachfolgenden intakt zu hinterlassen! Im Einzelnen müssen erreicht werden:
- weltweite Verbreitung des Wissens um Geburtenkontrolle und Bereitstellung der Mittel dafür,
- hinreichende Wirtschaftsproduktivität, gleichmäßig(er)e Verteilung ihrer Erträge,
- die **Sanierung der belasteten Umwelt** und ein **umweltverträglicher Lebensstil**, verbunden mit einer Reduktion der Ansprüche insbesondere in den Industriestaaten.

Die Umweltbelastung, die von einem US-Amerikaner im Durchschnitt ausgeht, übertrifft die eines Schweden zweifach, die eines Inders 35fach, die eines Kenianers 140fach und die eines Nepalesen sogar 280fach. Ein Nord-Süd-Ausgleich muss gefunden werden, verbunden mit drastischer Absenkung der Umweltbelastung. Den **hochentwickelten Industriestaaten** kommt die **Vorreiterrolle** zu, sie müssen **die finanzielle Hauptlast** tragen.

Der **Nachhaltigkeitsbegriff** der Forstwirtschaft – d.h. man darf im Wald nur so viel Holz einschlagen wie nachwächst – eignet sich gut, um die Anforderungen an eine zukunftsverträgliche Entwicklung zu kennzeichnen. Die globalen Leitziele sind dazu lokal durch konkrete Maßnahmen umzusetzen; diese betreffen z.B. Umweltverträglichkeit im Verkehrswesen, bei der sozialen Marktwirtschaft und der Verbraucherorientierung, Etablierung einer Kreislaufwirtschaft, Umweltverträglichkeit bei Stadtentwicklung und Landbewirtschaftung und schließlich die Regeneration der Vielfalt in unserer Landschaft *(Abb. 1)*. Realitätssinn und entschlossenes Handeln sind für die Lösung der drängenden Probleme nötig. ■

> „Was gibt es doch viele Dinge, deren ich nicht bedarf!"
>
> Sokrates (470–399 v. Chr.) beim Anblick der Warenfülle in den Markthallen Athens

A5 Entwerfen Sie konkrete Vorschläge für die Umsetzung der globalen Leitziele auf lokaler Ebene.

A6 Beschreiben Sie Maßnahmen, um die Biotop- und damit die Artenvielfalt in Dorf und Stadt zu erhöhen.

Abb. 1 Brachland (o.) bietet eine Fülle ökologischer Nischen und dient der Regeneration der Landschaft; Streuwiesen als Standort der gefährdeten Sibirischen Schwertlilie (u.) müssen für deren Erhalt einmal im Herbst gemäht werden.

Zusammenfassung

Die Menschheit steht vor erheblichen **sozialen, ökonomischen** und **ökologischen Herausforderungen**. Mit internationalen Abkommen wird versucht, dem Verlust an Biodiversität zu begegnen. Die **Flora-Fauna-Habitat-Richtlinie** der EU soll in Europa **Biotopverbünde** zum Arten- und Naturschutz sicherstellen. Erhebliche Zielkonflikte zwischen Natur-Nützern und Natur-Schützern zeichnen sich ab. Eine Regeneration der **Biotopvielfalt** in Siedlungsräumen, Wald und Flur ist unerlässlich. Zur Umsetzung der Maßnahmen sind **Umweltmanagement** und weite Vorausplanung erforderlich. Global ist ein Bewusstsein der Verantwortung für Mitmensch, Natur und Umwelt zu schaffen, um das Ziel der **nachhaltigen, zukunftsverträglichen** Entwicklung zu erreichen.

Auf einen Blick

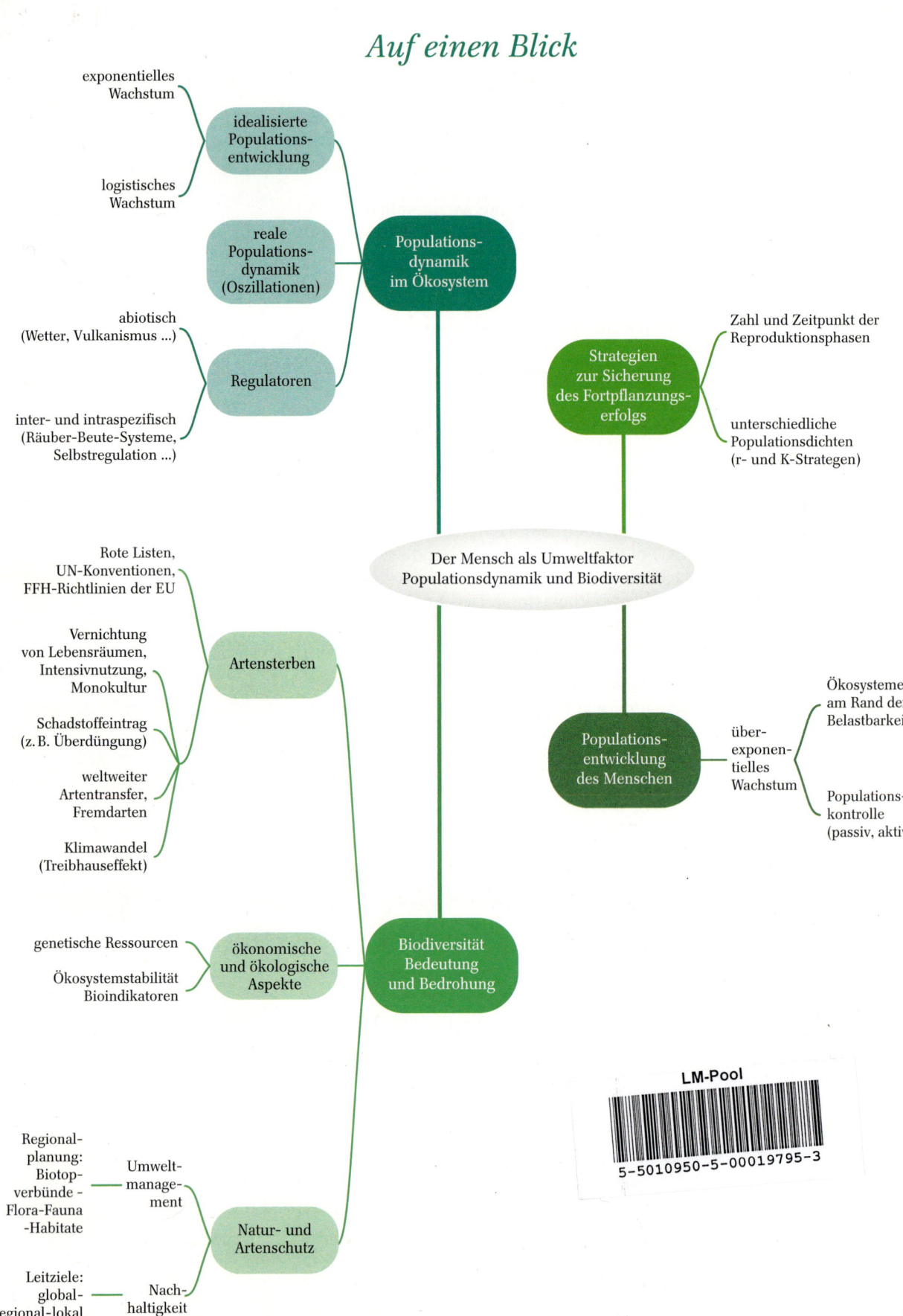